WEISSENSTEINER MINIATUREN
Band 11

Brigitte Prock

Clara Nordström – ihr Leben und ihr Werk

Der Weg einer Schwedin in den Bayerischen Wald

edition lichtung

Herausgeber:
Förderverein Weißensteiner Burgkasten
„Rettet das fressende Haus" e.V.

Vorsitzende: Barbara von Schnurbein
Finkenried 4, 94209 Regen

1. Auflage 2024

94234 Viechtach Bahnhofsplatz 2a
www.lichtung-verlag.de

Umschlag Logo: „Der Turm" von Julia von Schnurbein, 2002
Umschlag Illustration: Clara Nordström, Vegesack Archiv Regen,
erhalten 2024 von Bernd Schulz, Zell
Druck: Friedrich Pustet GmbH & Co. KG, Regensburg
ISBN 978-3-941306-68-4

Die Reihe

Die „Weißensteiner Miniaturen“ dokumentieren das Werk des Schriftstellers Siegfried von Vegesack und seiner ersten Frau Clara Nordström. Die Reihe soll unveröffentlichte oder wenig bekannte Texte und Dokumente aus dem Vereinsarchiv bekannt machen sowie das Leben von 1918 bis 1974 im alten Burgturm schildern, dem „Fressenden Haus“ in Weißenstein bei Regen.

Die Themen werden von wechselnden Autoren bearbeitet, Herausgeber ist der Förderverein Weißensteiner Burgkasten, der 1982 unter der Leitung von Heinz Wölfl, dem späteren Bürgermeister und Landrat von Regen, zur „Rettung des fressenden Hauses“ gegründet wurde. Anliegen des Vereins ist es, den Turm als kulturellen Treffpunkt und als Begegnungsstätte von Künstlern, Schriftstellern, Musikern und Freunden zu erhalten, wie er es schon zu Vegesacks Zeiten war.

Die Autorin

Brigitte Prock, geb. 1948, ist seit vielen Jahren Museumsführerin u.a. für das Fressende Haus. Sie hat sich in ihren Vorträgen eingehend mit der Thematik Vegesack–Nordström beschäftigt. Sie schrieb und inszenierte Freilicht-Bühnenstücke, die eng mit der ostbayerischen Heimatgeschichte bzw. der reichen Bayerwaldmythologie verbunden sind, „Der überlistete Tod“, „Die Hex von Wittersitt“, „Der Königsbesuch“, „Der Eremit vom Ranzinger Berg“, „Das gläserne Brot“ und andere. Auch Erzählungen und Weihnachtsgeschichten hat sie geschrieben. Mit dem Band 11 der Weißensteiner Miniaturen über Clara Nordström erscheint nun ihr erstes Buch.

Inhalt

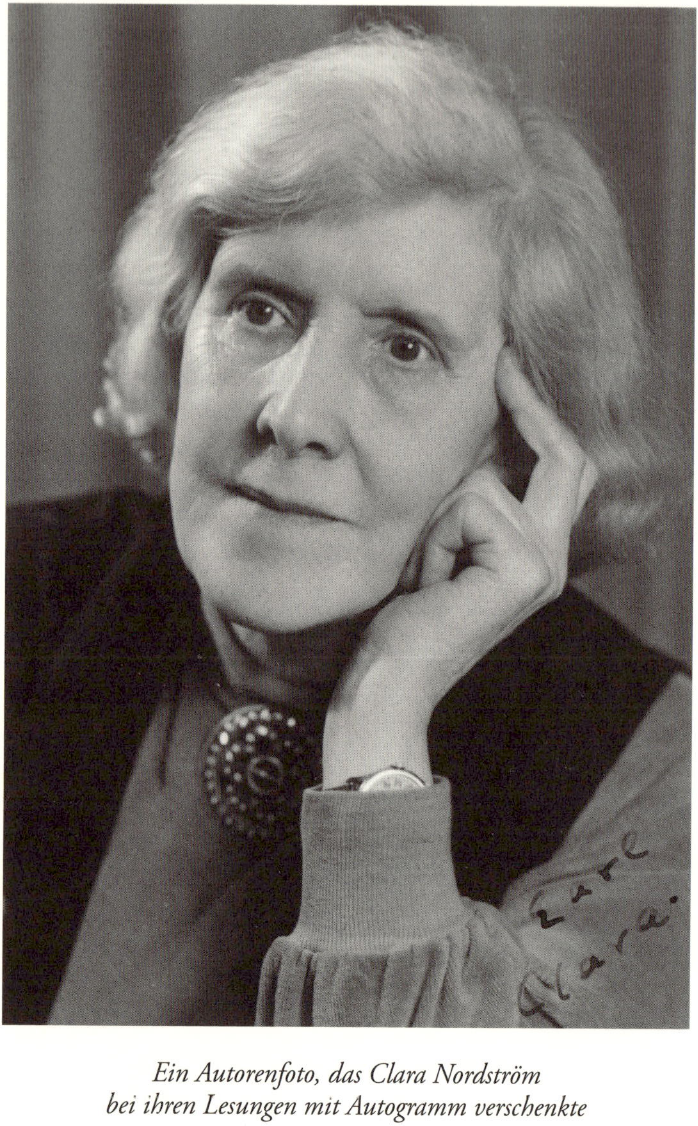

Ein Autorenfoto, das Clara Nordström
bei ihren Lesungen mit Autogramm verschenkte

Vorwort

Clara Nordström war eine besondere Frau.

Man hätte ihr so gerne ein problemloseres Leben gewünscht, wie sie es wohl auch selbst oft tat. Und doch: Dass sie so vielen Menschen ihrer Zeit durch ihre Bücher Trost und Mut gab, sich bis zur Erschöpfung Zeit für alle Fragen nach Lesungen nahm, das war wohl nur aufgrund ihrer eigenen Lebenserfahrung möglich.

Als kleines Mädchen bekam sie wegen ihres schwachen Rückens von ihrem Vater ein Stahlgestell angepasst. Sie war ein kränkliches Kind und konnte deswegen nicht eingeschult werden. Oft bangten die Eltern um ihr Leben. Von ihrem Kindermädchen Jök lernte sie jedoch, dass es mehr gibt als die für uns sichtbare Welt. Jök vermittelte ihr die Liebe zur Natur, zu Pflanzen und Tieren – und dazu ein feines Gespür für die unsichtbare Welt. Verse aus dem ersten Brief des Apostels Paulus an die Korinther[1], die Jök ihr auf einen kleinen Zettel geschrieben hatte, begleiteten Clara ihr Leben lang.

Diese Fähigkeit, die Verbindung mit der unsichtbaren Welt zu suchen, die auch ihre Mutter Bengta hatte, zeigte sich in Claras Leben immer wieder: positiv, als gütige Warnung Gottes vor Gefahr, oder negativ als angstmachender „sechster Sinn". Dass sie im Laufe ihres Lebens schließlich zu einer persönlichen, lebendigen Gottesbeziehung fand, gibt ihrem Leben und ihrem Werk eine die Zeit überdauernde Bedeutung. Die Liebe zu Gottes Schöpfung und seinen Geschöpfen, aber auch die Erfahrung ganz spezifischer, persönlicher Hilfe in größter Not, lässt sie dankbar

1 Vgl. S. 22.

und versöhnt auf ihr Leben zurückblicken, wie ihr letzter Brief an Siegfried von Vegesack vom 20. Januar 1962 zeigt.

Brigitte Prock gebührt unser Dank dafür, dass sie sich intensiv mit Clara Nordströms Werk und Leben beschäftigt hat. Nicht nur, weil Clara 1919 mit Siegfried von Vegesack und der kleinen Isabel in den alten „Troadkasten" der Burg Weißenstein einzog, sondern vor allem, weil sie in schwieriger Zeit zuversichtlich – oft gerade so von Tag zu Tag lebend – ihren Alltag meisterte und „dennoch" ihre Bücher schrieb. In aller Not und wirklicher Armut gelang es ihr auch in der nationalsozialistischen Zeit, in ihren Lesungen einen spürbaren Glanz zu verbreiten. Frauen, die sie erlebt hatten, als sie Schulmädchen waren, darunter auch eine Enkelin von Vegesacks Bruder Manfred, erinnerten sich noch im hohen Alter an ihre faszinierende Ausstrahlung. Gedichte, die den Nationalsozialismus verherrlichen, wurden bewusst nicht in den Band aufgenommen.

Das Buch gibt Einblick in Clara Nordströms Leben und einige ihrer Werke, die autobiografische Details enthalten. Brigitte Prock will nicht Claras Leben in Details zerpflücken, sondern versetzt sich in ihr Erleben hinein, versteht und kann nachfühlen, wie Clara ihr Leben selbst erfahren hat. Dieser Band ist ebenso wie Band 10 als begleitende Lektüre zu der neuen Dauerausstellung im „Museum im Fressenden Haus" in Weißenstein gedacht.

In einer Zeit, die wieder von Krieg in Europa sowie Flucht, Vertreibung, Hunger und Not in vielen Teilen der Welt geprägt ist, möge die Lektüre im Sinne von Clara Nordström die Dankbarkeit, Hilfsbereitschaft, Empathie und einen lebendigen Glauben stärken.

Barbara von Schnurbein
Finkenried, im März 2024

Editionsbericht und Dank

Bei meinen Recherchen zum vorliegenden Band hat sich mir die Frage aufgedrängt, was wohl gewesen wäre, wenn Clara Nordström seinerzeit nicht nach Deutschland gekommen wäre, um die deutsche Sprache zu lernen. Sie wäre wohl die Frau eines Pastors, eines Gutsbesitzers oder eines höheren Beamten geworden und hätte ihr schwedisches Heimatland nie verlassen. So aber wurde ihr Lebensweg ein ganz anderer. Bedingt durch ihre gesundheitlichen Schwächen von frühester Kindheit an war ihr ein normales Schulleben verwehrt, sodass sie ihr ganzes Leben unter ihrem Wissensdefizit litt. Ihr abenteuerlich anmutendes Leben, das sie nicht nur kreuz und quer durch Deutschland führte, sondern auch in mehrere andere europäische Länder, wurde durch die beiden Weltkriege und deren Auswirkungen maßgeblich beeinflusst.

In erster Linie habe ich mich an der Autobiografie von Clara Nordström „Mein Leben" orientiert, darüber hinaus an der Biografie von Dr. Franz Baumer „Siegfried von Vegesack" sowie am Roman „Das fressende Haus" von Siegfried von Vegesack. Zeitungsberichte über Lesungen von Clara und Buchrezensionen rundeten das Bild ab.

Zu großem Dank bin ich Barbara von Schnurbein verpflichtet, die mich als Mentorin sehr konstruktiv mit Rat und Tat begleitet hat, mir viele Quellen erschloss und mir passendes Fotomaterial aus dem Vegesack Archiv zur Verfügung stellte. Darüber hinaus danke ich Frau Bengta Nordström, der Großnichte der Dichterin. Sie hat viele wertvolle Informationen aus der Familiengeschichte Clara Nordströms sowie einige Bilder beigesteuert. Dank gebührt auch Ingrun Schwarz-Kalkschmidt, der Enkelin der Münchner Malerin Trissy Kalkschmidt, mit der Clara jahrzehntelang eng befreundet war. Sie trug einige persönliche Details bei, auch durch Briefe von Clara an Trissy, die sie mir überließ. Ich danke Frau Ingrid Gress, die als Schülerin bei einer Lesung von Clara so beeindruckt war, dass sie später die Verbindung zum Mindelheimer Stadtarchiv suchte, wodurch wichtige Einzelheiten aus Claras letzten Lebensjahren erschlossen werden konnten.

Mein besonderer Dank gilt Kristina Pöschl und Eva Bauernfeind vom lichtung verlag, die die Entstehung dieses Miniaturen-Bandes kompetent begleiteten, speziell auch für das Layout und ihr sorgfältiges Lektorat.

Nicht zuletzt danke ich meiner Tochter Simone Königbauer, die mir während des Schreibprozesses immer unterstützend zur Seite stand und letztendlich mein Manuskript in den Computer tippte.

Brigitte Prock
im April 2024

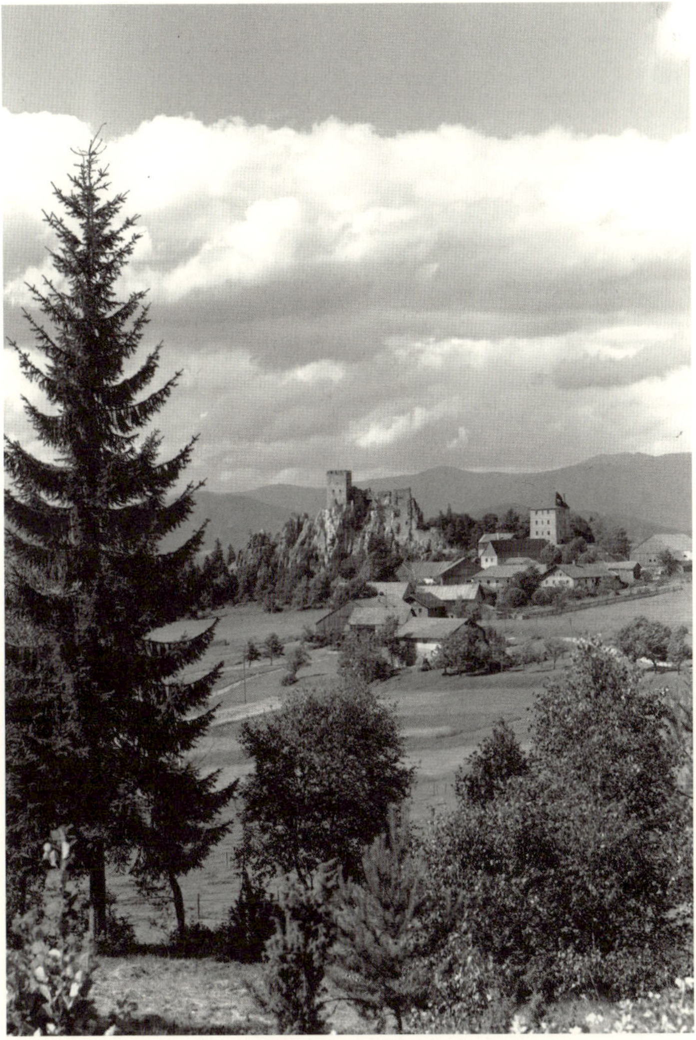

Burg und Dorf Weißenstein in den 1920er Jahren, rechts das Fressende Haus

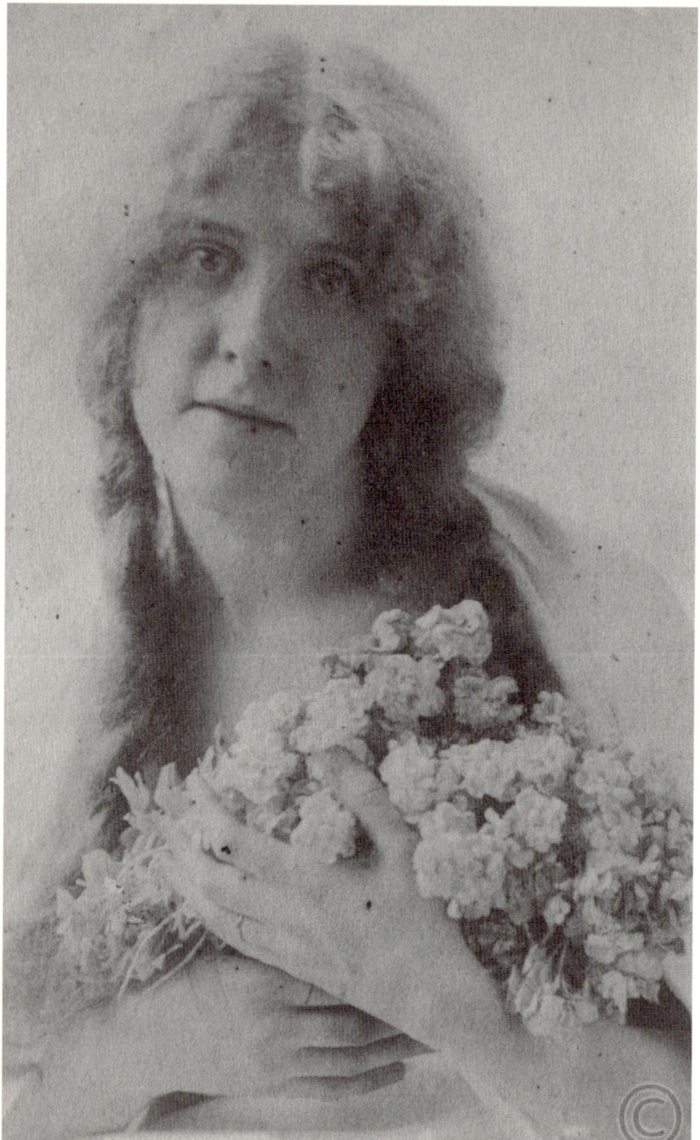

Clara Nordström, ca. 1908, zu einem Kostümfest

Clara Nordström – ihr Leben

Wer war Clara Nordström? Nur mehr wenige wissen mit diesem Namen etwas anzufangen: Vielleicht, dass sie irgendetwas mit Siegfried von Vegesack zu tun hatte, dass sie einige Zeit auf Weißenstein gelebt hat und dass sie eine schwedische Schriftstellerin gewesen ist.

Es ist an der Zeit, das Leben dieser außergewöhnlichen Frau anhand ihrer Erinnerungen und neuerer Erkenntnisse zu betrachten und ihre große Lebensleistung zu würdigen.

Clara Nordström wird am 18. Januar 1886 im südschwedischen Karlskrona geboren, wächst aber zusammen mit ihrem älteren Bruder Ludvig in Växjö[2] auf. Bruder Carl ist im Kindesalter gestorben. Der Vater, ein sehr gelehrter Mann, ist Bezirksarzt und hat die 6000 Einwohner zählende Stadt Växjö mit ihrem Umland ärztlich zu versorgen. Vom Staat wird ihm als Bezahlung ein landwirtschaftliches Gut überlassen. Ihm steht Claras Mutter Bengta, die einst als Verwalterin auf den vernachlässigten Hof gekommen ist, treu zur Seite. Sie, eine überaus tüchtige Frau, hält dem Doktor den Rücken frei und sorgt mit Geschick und Verstand zeitlebens für das wirtschaftliche Wohl der Familie, da ihr Mann viele Patienten kostenlos behandelt.

---

2 Växjö ist eine Universitätsstadt in Südschweden, Residenzstadt in der historischen Provinz Småland und die Hauptstadt der Provinz Kronobergs län. Clara Nordström verwendete in „Mein Leben" die eingedeutschte Bezeichnung „Wexjö".

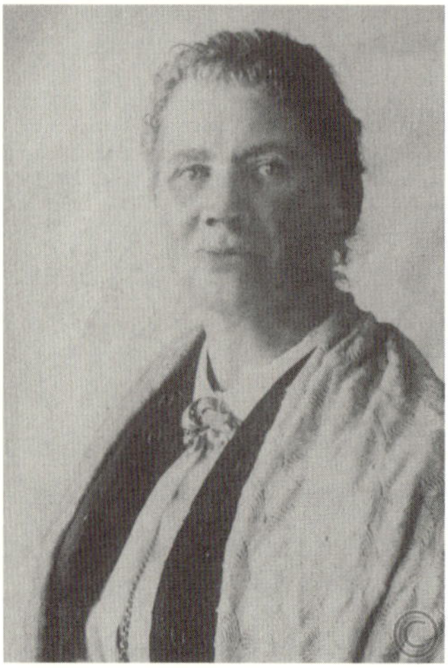 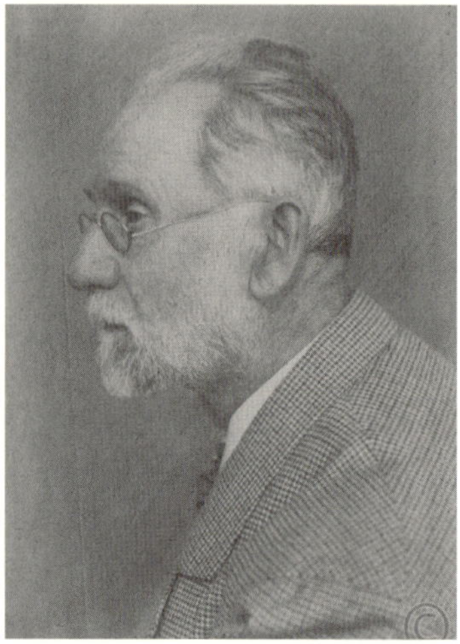

Claras Eltern, aufgenommen 1910 in Växjö: Bengta Nordström (1854–1927) und Adolf Ludvig Nordström (1838–1913)

Das Sorgenkind

Clara ist ein kränkliches Kind, ein Sorgenkind, das dem Tod oft näher ist als dem Leben. Keuchhusten und mehrere Lungenentzündungen peinigen und schwächen sie. Dann bekommt sie auch Rachitis und Vater Nordström stützt ihren Körper mit einem Stahlkorsett. Die Eltern glauben, dass Clara die Kinderjahre nicht überstehen wird, und schicken sie nicht in die Schule, haben zudem aber auch wenig Zeit für das hochsensible Kind. So schreibt sie in ihren Memoiren: „Ich selbst empfing sehr selten eine Liebkosung, doch meine Eltern sorgten mit größter Gewissenhaftigkeit für mein leibliches Wohl.“[3]

Das kluge und fromme Kindermädchen Jök ist Clara zur Seite gestellt; sie kümmert sich fortan um sie, erzählt ihr viele

3 Clara Nordström, Mein Leben, S. 21.

Geschichten von geheimnisvollen Naturgestalten, von Elfen und Trollen, von Sonne, Mond und Sternen. Aber auch einen tiefen Gottesglauben vermittelt sie Clara, die alles begierig aufnimmt. Jök geht mit ihr im Mühlenwald und im nahen Seepark spazieren und bringt sie so der Natur, aber auch den Landmenschen näher. Clara schreibt: „Auf meinen Waldwanderungen mit Jök besuchten wir nun auch verschiedene Bauernhöfe. Dabei wurde ich mit den Landmenschen meiner Heimat vertrauter als mit den Stadtmenschen. … von ihnen fühlte ich mich auch verstanden, und das war eine Wohltat."[4]

Jök prägt sie und bringt Clara auch das Lesen bei. So vergehen die Kinderjahre und die Eltern werden aufgefordert, Clara in die Schule zu schicken. Das Stahlkorsett, das Claras Körper so lange eingezwängt hat, ist abgenommen und der Rücken erscheint wohlgeformt.

Schul- und Wanderjahre

Mit elf Jahren wird Clara nun eingeschult. Es beginnen qualvolle Schuljahre und Claras mangelhafte Kenntnisse werden offenkundig. Außerdem fällt Clara durch ihr seltsames Verhalten auf, sie, die bisher weitgehend von Kindern ferngehaltem worden ist, um ja nicht mit einer Krankheit angesteckt zu werden. Der Vater nimmt sie nun ganz aus der Schule, und fortan wird sie von verschiedenen Privatlehrerinnen unterrichtet, wovon eine einmal feststellt: „Du wärst imstande, Luther mit Napoleon zu verwechseln. Du kannst ja überhaupt nichts, mein liebes Kind. Was soll nur aus dir werden?"[5]

Auf ihren eigenen Wunsch hin wird sie nun in einer Haushaltungsschule in Stockholm angemeldet, wo allerdings wieder die

4 Clara Nordström, Mein Leben, S. 35.

5 Clara Nordström, Mein Leben, S. 55.

Kenntnisse einer höheren Töchterschule, die sie früher besucht hat, vorausgesetzt werden. Sie kommt sich vor „wie ein Hund, den man ins Wasser geworfen hat und der in Todesangst zu schwimmen beginnt“[6], bekennt Clara später in ihren Memoiren. Doch sie verschafft sich die Anerkennung der anderen, indem sie Geschichten erzählt und alles, was mit den Händen zu geschehen hat, geschickt und beherzt anpackt. Nach der Schulzeit kommt sie wieder nach Växjö zurück; aus ihr ist eine junge Dame geworden, auf die man auch bald aufmerksam wird. Clara ist nicht nur ein äußerst temperamentvolles Mädchen, sie ist auch sehr hübsch, ist hochgewachsen, schlank, hat wasserblaue Augen und strohblonde Haare. Eine schmale Nase mit einer, laut Vegesack, impertinenten Nasenspitze und wohlgeformte herzförmige Lippen geben ihrem Gesicht einen sehr freundlichen, etwas schelmischen Ausdruck. Clara ist warmherzig, bescheiden und humorvoll und bringt viel Verständnis für alle auf. Sie ist sowohl praktisch als auch kunsthandwerklich begabt, hat eine wohlklingende Stimme, ist sehr musikalisch und spielt Akkordeon. Sie tanzt leidenschaftlich gern und spielt außerdem gut Schach. Sie kann nähen und spielt auch hingebungsvoll Theater, was sie bereits als Kind unter Beweis gestellt hat, als sie den Pfarrer, den sie in der Kirche beobachtete, in Mimik, Gestik und Vortrag nachahmte.

Sie ist mystisch veranlagt und verfügt über den sogenannten sechsten Sinn, sieht Ereignisse voraus, die sich später bewahrheiten. Schlichtheit, Naturverbundenheit und ein tiefes, unerschütterliches Gottvertrauen prägen Clara ganz besonders. Allerdings hat sie wenig Selbstbewusstsein, kann keine gezwungene Unterhaltung und freie Rede führen, ist zu leichtgläubig und vertrauensselig, was ihr später zum Verhängnis werden wird. Zudem ist sie spontan und begeisterungsfähig und entscheidet Dinge vorschnell, die oft einer kritischen Abwägung bedurft hätten. Sie versteht weder etwas von Politik noch von kaufmän-

---

6 Clara Nordström, Mein Leben, S. 58.

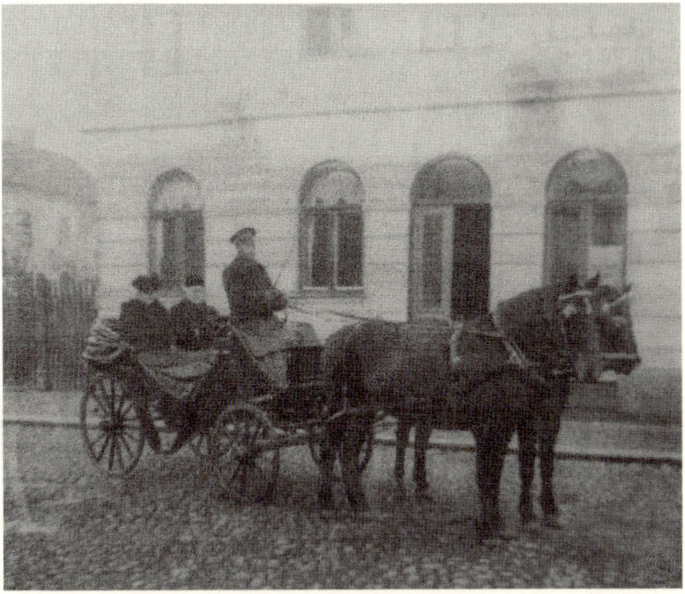

Dr. A. Ludvig Nordström mit Ehefrau Bengta in der Kutsche vor dem Wohnhaus in der Kungsgatan in Växjö, Schweden

nischen Dingen, zweifelt ständig an ihrer Person und bezeichnet sich selbst als einfältig, dumm und weltfremd, was man ihr in Kindheitstagen oft genug eingeredet hat.

In ihrer Heimatstadt Växjö genießt Clara das freie Leben in vollen Zügen. Einmal müssen die Eltern entsetzt vernehmen, dass Clara soeben gesehen worden sei, wie sie in voller Fahrt freihändig mit dem Rad unter den Bäumen am See gefahren sei und dabei Ziehharmonika gespielt habe. Auch klettert sie einmal an einer Fassade empor und läuft über die Dächer. Die Eltern bangen umso mehr um ihre Tochter, als sie schon bald von jungen Männern bedrängt wird. So beschließt die Familie, dass Clara nach Deutschland gehen solle, um das deutsche

Land, seine Menschen und ihre Sprache kennenzulernen. Bruder Ludvig, der zu dieser Zeit in Deutschland weilt, vermittelt ihr einen Platz in der Familie eines Sprachlehrers in Hildesheim, wo sie nebenbei im Haushalt helfen soll. Nach einiger Zeit kommt sie nach Braunschweig, wiederum in das Haus eines Lehrers. Die Hausfrau, „Frau Malwine", führt dort ein strenges Regiment. Clara fällt auch hier bald auf. Es kommt öfter vor, dass man bei Veranstaltungen ihretwegen die schwedische Nationalhymne spielt. Frau Malwine merkt an: „Nicht genug, dass alle Hunde der Stadt hinter Ihnen herlaufen, sodass man denken könnte, Sie hätten sie behext, Sie fallen auch noch überall auf."[7] Es ist der Wunsch von Vater Nordström, dass Clara zwei- bis dreimal die Woche ins Theater gehen solle. Mit Vorliebe besucht sie allerdings die Oper. Clara hat Heimweh und findet niemanden, mit dem sie sprechen kann; der Hausherr, der Clara wohlgesonnen ist, ist oft außer Haus und steht ihr nicht als Trostspender zur Verfügung.

Clara wird eine junge Ehefrau

Nun erscheint Benno, der jüngere Sohn, muss aber bald wieder abreisen, weil die Mutter bemerkt, dass er an Clara Gefallen gefunden hat. Wenig später steht der ältere Sohn Armin, der Studienrat in Bremen ist, vor Clara. Er nimmt sich gleich des schwedischen Mädchens an und führt es ins Museum. Er bringt Clara Lyrikbändchen von Goethe und Demel und macht sie mit den Werken der Worpsweder Maler um Paula Modersohn-Becker bekannt. Clara nimmt überglücklich alles Wissen und alles Schöne in sich auf; endlich kann sie lernen, lernen, lernen. Schon nach kurzer Zeit bittet Armin sie, seine Frau zu werden; er wolle mit ihr dann ein ganzes Leben lang Gespräche führen und sie

---

7 Clara Nordström, Mein Leben, S. 77.

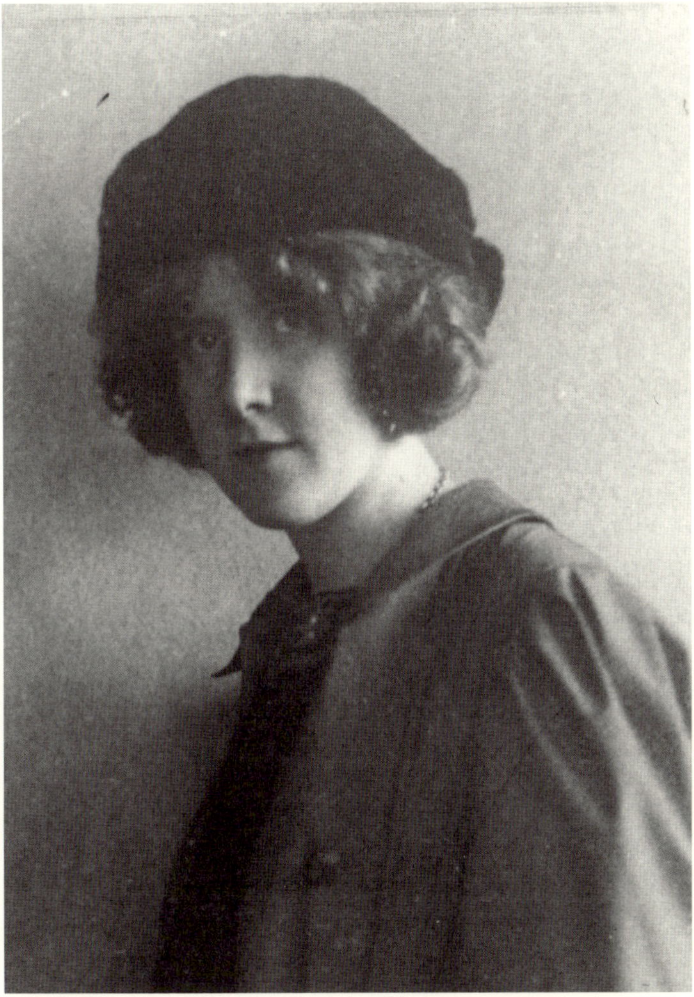

Clara Nordström als junge Ehefrau

durch Museen führen. Clara antwortet mit dem begeisterten „Ja" eines Kindes. Claras Eltern stimmen freudig zu, denn nun würde Clara einen gebildeten Mann bekommen, der ihre Wissenslücken schließen könne. Am 18. Januar 1905 verloben sich Clara und Armin Reiche, und am 17. April ist Hochzeit in Schweden. Aus dem kindlich-sensiblen, unerfahrenen Mädchen wird eine stille und ernste junge Ehefrau. 1906 kommt der Sohn Gustav Adolf zur Welt. In der Zwischenzeit wird Claras Mann als Leiter einer Oberrealschule in die norddeutsche Kleinstadt Varel versetzt und die Familie zieht von Bremen weg. Claras Mann hat viele gesellschaftliche Verpflichtungen und Clara vereinsamt immer mehr. Sie liest in dieser Zeit viel, um die innere Leere ein wenig auszugleichen. „Leider ließ sich mein Mann überhaupt nicht mehr auf Gespräche über Bücher und Bilder ein. So mussten all meine Gedanken, die in mir wach wurden und nach Form und Sinn drängten, sich ohne helfende und richtungsweisende Hand entwickeln."[8]

Der wachsenden Entfremdung zum 15 Jahre älteren Ehemann sucht sie mit dem Spruch zu begegnen, den ihr das Kindermädchen Jök beim Abschied auf einem Zettel zugesteckt hat: „Die Liebe ist langmütig, die Liebe ist gütig! Sie sucht nicht das ihre. Alles erträgt sie! Alles glaubt sie! Alles duldet sie! Die Liebe hört niemals auf!"[9] Clara liebt ihren Sohn von ganzem Herzen, doch von erfüllender Liebe zu ihrem Ehemann kann in dieser ungleichen Beziehung wohl nicht ausgegangen werden. Eines Tages kommt die Schwiegermutter Malwine zu Besuch, die Clara von Anfang an abgelehnt hat. Sie möchte Sohn und Enkel nahe sein und im Haus der jungen Familie ihren Platz einnehmen. Als Clara ahnungslos von einer Radwanderung zurückkommt, sind Malwine, Armin und das Kind verschwunden und an einen zu-

8 Clara Nordström, Mein Leben, S. 98.

9 Vgl. Die Bibel, 1. Brief des Paulus an die Korinther, Kapitel 13, Vers 4-8.

nächst unbekannten Ort abgereist; sie solle zu ihren Eltern nach Växjö zurückfahren, ein Hundertmarkschein liege bereit. Clara geht nun schweren Herzens nach Växjö zurück in der Hoffnung, alles würde sich wieder zum Guten wenden. Sie spürt aber schon nach kurzer Zeit, dass sie hier ihrer Mutter im Weg ist, die ihr außerdem verbietet, den Bewohnern ihrer Heimatstadt von ihrer Ehekrise zu erzählen. Clara leidet sehr, hat aber nicht die Kraft und den Mut, sich gegen ihre Schwiegermutter und ihren Mann aufzubäumen. Zwei Jahre lebt das Paar getrennt. Die Scheidung, bei der sie auf Wunsch ihres Mannes die Schuld auf sich nimmt, folgt 1911 und der Sohn bleibt beim Ehemann, nachdem ein Pastor sie inständig darum gebeten hat. Die Ferienzeiten dürfe das Kind bei ihr verbringen. Clara fügt sich, denn sie glaubt, es wäre nur eine Trennung auf Zeit. Der große Verlust hat ihr schwer zugesetzt und sie versucht, auf andere Gedanken zu kommen.

In Växjö trifft sie eine junge Frau, die in Berlin Fotografie studiert. Clara interessiert sich ebenfalls dafür und geht nach Berlin. Das Fotografieren macht ihr großen Spaß und man ist mit ihr sehr zufrieden. Sie lernt in Berlin auch nette junge Leute kennen, die sie mit dem kulturellen Leben der Stadt bekanntmachen, und erfährt so eine Fülle von Anregungen. Sie geht daran, ihre Eindrücke von verschiedenen Ereignissen niederzuschreiben, und verfasst als leidenschaftliche Ausstellungsbesucherin eine Kunstbesprechung, die eine Hamburger Zeitung abdruckt. So kommt es um 1910 zu ihrer ersten Veröffentlichung, der sehr bald weitere folgen.

Clara wird Schriftstellerin

Aufgrund der im Fotolabor verwendeten Chemikalien wird Clara sehr krank. Schweren Herzens muss sie ihre fotografische Tätigkeit beenden. Sie zieht nach München. Die Eltern haben versprochen, Clara zu unterstützen, damit sie sich auf das Schreiben von Geschichten konzentrieren könne. Claras Erzählungen erregen bald Aufmerksamkeit und bekommen gute Kritiken. Doch dann stirbt 1913 in Schweden der Vater, der sie immer so sehr verstanden hat. Clara fühlt sich sehr einsam und alleingelassen.

Eine große Liebe nimmt ihren Anfang

Nun aber beginnt ein neues Kapitel ihres Lebens; sie lernt Siegfried von Vegesack kennen. Er ist an sie herangetreten mit der Bitte, dass sie ihm Unterricht in der schwedischen Sprache gebe, weil er voraussichtlich Dozent für Geschichte an der Universität in Dorpat/Estland werde und diese Sprache verstehen müsse. Clara hilft ihm, verhält sich ihm gegenüber aber distanziert. Bald schon aber begleitet er sie ins Theater und in die Oper und die Lehrstunden gehen über den reinen Unterrichtsstoff hinaus. Sie beginnen, ihre jeweiligen Arbeiten, Geschichten und Verse gegenseitig zu korrigieren und auszuformen. „Bevor ich ins Bett krieche nur ein paar Worte: Vom Kaffee bis zum Abendbrot saß ich an der ‚Nebenfigur'. Jetzt glaube ich den eigentlichen Ton gefunden zu haben, auf den Alles ankommt. … Das ist die ‚Trollsche' Schule: Du glaubst nicht, wie sehr Du dabei bist, wenn ich schreibe, – ich höre Deine Stimme, die meine Feder führt, – Alskling[10], wie ich dir danke! Wie hast du mein plumpes Ohr geschärft – und doch wirst du noch so vieles zu verbessern haben: das hört nie auf!"[11]

Die Kameradschaft beginnt sich allmählich zu verändern, und Clara beschreibt dies so in ihren Memoiren: „War er also

10 In Anlehnung an das schwedische Wort „Älskling" für „Liebling" nannte Siegfried Clara „Alskling", auch in Briefen, während sie ihn schwedisch „Vän" nannte, was übersetzt „Freund" heißt.

11 Siegfried von Vegesack, Briefe, hrsg. von Marianne Hagengruber, S. 18, Brief von Siegfried an Clara vom 31. Oktober 1914.

doch ein Kamerad? Nein! Ein junger Mann! Er spürte es, und ich spürte es allmählich auch. Die Luft wurde mit Elektrizität geladen, sobald er ins Zimmer kam. Alle feierlichen Verbeugungen und übertriebene Höflichkeit seinerseits und alle Herbheit meinerseits vermochten das nicht zu ändern. Wenn ich wusste, dass er bald kommen würde, schlug mein Herz so stark, dass ich fürchtete, er müsse mir meine Erregung ansehen. Und war er da, bangte ich dem Augenblick entgegen, an dem ich wieder allein im Zimmer sein würde. … Als leise Schnee zu fallen begann, floh ich aus München, floh aus Angst vor einer Liebe, die stärker zu werden drohte als ich selbst es war. Liebe? Ja, dies war Liebe.“[12]

Clara kann sich dieser Liebe nicht mehr länger verweigern. In Zell am See, wohin ihr Siegfried folgt, kommt es zur Aussprache der beiden Liebenden und an Silvester 1913/14 zur Verlobung. Zusammen mit Siegfried von Vegesack geht sie zurück ins Baltikum. Siegfried hofft, dort eine Anstellung als Zeitungsredakteur zu finden. Doch der Erste Weltkrieg vereitelt diesen Plan. Clara muss als Deutsche das Land verlassen,[13] und als Siegfried nachkommt, heiraten sie am 16. Februar 1915 in Stockholm. Ein Jahr verbringen sie bei Verwandten von Clara. Hier in der schwedischen Hauptstadt, wo beide Ehepartner an Übersetzungen arbeiten, lernen sie den Leiter der Berliner Zentralstelle für Auslandsdienst im Auswärtigen Amt, Dr. Paul Rohrbach, kennen, der Siegfried eine Stelle als Lektor verschafft. Siegfried hat sich nun für Deutschland entschieden, auch wenn er, wie Franz Baumer berichtet, nie „für diese tüchtigen und eingebildeten Preußen“ schwärmte.[14] Anders Clara, sie fühlt sich schon immer den Deutschen sehr verbunden, stammt sie doch aus einem sehr deutschfreundlichen Haus. In Deutschland wütet der Erste Weltkrieg und das junge Paar wird

---

12 Clara Nordström, Mein Leben, S. 165/166.

13 Clara war durch die Heirat mit Armin Reiche 1905 deutsche Staatsbürgerin geworden.

14 Franz Baumer, Siegfried von Vegesack, Eugen Salzer-Verlag, Heilbronn 1974, S. 64.

bald mit allem Elend und der Lebensmittelknappheit konfrontiert. Zudem dürfen auch keine Pakete mehr aus dem Ausland empfangen werden, sodass auch die gute Bengta-Mutter nicht mehr, wie bisher, für das Paar sorgen kann. Clara bekommt vor Hunger die Zuckerkrankheit. Sie erwartet außerdem ein Kind. Auf dem Markt gibt es bald nichts anderes mehr als Zitronen, Schnürsenkel und violettes Puddingpulver zu kaufen.

Umzug nach Niederbayern

Am 1. April 1917 wird Tochter Isabel, genannt „Bella", geboren, die nach Isabella von Wolff, der Frau von Ferdinand Graf von Zeppelin, benannt wird, einer Tante von Siegfried von Vegesack. Aufgrund der Mangelkost erkrankt Siegfried schließlich an Skorbut. Die Ärzte verordnen einen Landaufenthalt und Vegesacks pachten zunächst einen Bauernhof bei Dingolfing. Später kommt die junge Familie bei dem Geschwisterpaar Hafenbrädl in Großwalding bei Deggendorf unter.[15] Von hier aus unternehmen die jungen Leute Streifzüge in den Bayerischen Wald. Da erfahren sie, dass der alte Getreidekasten, der zur Burg Weißenstein gehört, für 8000 Reichsmark verkauft würde. Vor allem Siegfried ist es, der hier sesshaft werden will. So beschreibt Clara seine Empfindungen in „Lillemor": „Wenn ich es nur könnte, würde ich in dieser Gegend ein Häuschen kaufen und wir würden immer dableiben. … Aber all dies ist leider nur ein Traum von mir. Du hast einen Landstreicher geheiratet, der nichts besitzt als einen Siegelring."[16]

---

15 Das „große" Haus der Hafenbrädls, wie Siegfried es einmal nennt, ist nach Auskunft des Stadtarchivs Deggendorf höchstwahrscheinlich der „Schedlhof" direkt an der Ruselstraße in Großwalding/Mietraching, der noch in den 1990er Jahren stand, dann abbrannte und 2024 noch als Abbruchgrundstück erkennbar ist.

16 Clara Nordström, Lillemor, S. 132f.

Ein Turm wird zur Heimat

Clara, die inständig gehofft hat, wieder nach Schweden zurückzukehren und der alten Mutter beizustehen, bittet diese um Hilfe. Bengta lässt sich nicht lange bitten und gibt das Geld für den Hauskauf. Clara hat sich nun, Siegfried zuliebe, für diesen Landstrich im Südosten Bayerns entschieden, und es beginnen schwere Aufbaujahre. Der Turm erweist sich als sehr schadhaft und marode, der Wind pfeift durch die Ritzen, die Böden sind schlecht und das Dach ist undicht. Das junge Paar muss mit allen Widrigkeiten fertigwerden. Möbel, die den weiten Weg von Schweden nach Weißenstein genommen haben, vermitteln eine gewisse Heimeligkeit. Clara färbt hellen Nesselstoff orange-gelb ein und näht Vorhänge daraus.

Die Bengta-Mutter, selbst ein begeisterter Naturmensch, unterstützt die Familie auch noch beim Kauf einer Wiese, sodass man bald eine Kleinstlandwirtschaft mit einer Ziege, mit Schweinen, ein bis zwei Kühen und mit Hühnern betreiben kann. Siegfried oder Vän, wie Clara ihn nennt, hat das Mähen gelernt, ansonsten hilft man sich im Dorf, wo man nur kann. Clara hat besonders guten Kontakt zu den Dorfbewohnern – sie nimmt Anteil am Leben der Dorfgemeinschaft, tröstet, wenn sie gebraucht wird, und erteilt Rat, wenn man sie darum bittet. Sie hoppelt als Osterhase verkleidet durch den Burghof und verteilt kleine Geschenke an die Dorfkinder, überrascht an Weihnachten mit Stricksachen und Naschwerk, so wie sie es von Schweden her kennt.

„Ja sie waren glücklich, und mit jedem Morgen, jedem Tag, jeder Nacht wuchs dieses junge Glück. Sie entdeckten immer neue Herrlichkeiten, immer neue Zärtlichkeiten, immer neue Überraschungen. … wenn Pytt ganz übermütig war, musste Kai mit ihr um den runden Tisch tanzen.“[17]

---

17 Siegfried von Vegesack, Das fressende Haus, S. 85.

Wie schwärmerisch Siegfried Clara in der Figur der Pytt in seinem Roman „Das fressende Haus" beschreibt, wie einfallsreich diese aus dem grauesten Alltag ein Fest macht, lässt erahnen, wie glücklich beide sind. Und so lässt er seine Romanfigur Kai auch beglückt feststellen: „Was für eine Frau! Was für eine Herrin! Ein übermütiges Kind mit tollen Einfällen, aber mit festen zupackenden Händen. Überall war ihre helle Stimme, ihr Summen, ihr unbändiges Lachen, ihr Trappeln auf den vielen Treppen. Sie füllte das ganze Haus."[18]

Schweres Leid

Bald schon trübt sich das junge Familienglück, als 1920 Clara bei der Geburt der zweiten Tochter in eine Münchner Klinik gebracht werden muss und sich in akuter Lebensgefahr befindet. Tochter Karin wird geboren und stirbt wenige Tage später. Um über den großen Schmerz hinwegzukommen – ihren Sohn Gustav Adolf aus ihrer ersten Ehe hat sie sowieso an den Vater verloren –, liest sie viel und beschäftigt sich unter anderem mit den Schriften von Meister Eckhart, diesem berühmten Theologen und Philosophen. Dabei kommt ihr zu Bewusstsein, dass sie in vielen Dingen nicht mehr mit ihrem Mann übereinstimmt. Sie bemerkt selbst, dass sie sich ihm entfremdet hat und Gott einen höheren Stellenwert einnimmt, als ihrem Mann lieb sein kann. Noch verursachen aber die verschiedenen Wege keine Disharmonie. So schreibt Clara, „Siegfried freute sich sogar, dass ich eifrig weiterlas"[19]. 1923 kommt Sohn Gotthard zur Welt, das Buberl, der zusammen mit der sechs Jahre älteren Isabel, auch Nudelchen genannt, viel Leben und Freude in den Turm bringt.

---

18 Siegfried von Vegesack, Das fressende Haus, S. 82.

19 Clara Nordström, Mein Leben, S. 213.

Finanzielle Schwierigkeiten

Da stirbt in Schweden die alte Bengta-Mutter, die das Paar immer so tatkräftig unterstützt hat, und man kommt in finanzielle Schwierigkeiten. Siegfried von Vegesack befindet sich gerade in Berlin, um sich bei den großen Verlagen nach Arbeitsaufträgen umzuschauen, da kommt Clara der Gedanke, dass sie den Turm doch zum Teil an Feriengäste vermieten könnten. Sie selbst will keine Arbeit und Mühe scheuen, um zum Lebensunterhalt der Familie beizutragen. Bald schon wird der Turm eine Stätte der Begegnung. Alfred Kubin, Georg Britting, Rolf von Hoerschelmann und Max Unold, um einige bekannte Namen zu nennen, sind oft im Turm zu Gast – meist als nicht zahlende Freunde. Es wird erwartet, dass Clara und Siegfried sich abends den Gästen widmen, weil die etwas aus ihren literarischen Werken hören wollen. Claras Kräfte erlahmen allmählich. Oft ist sie so müde, dass sie sich in einen Liegestuhl legen muss, um mit den Menschen um sie herum zu sprechen. Sie sieht es aber dennoch als ihre Aufgabe an, Anregungen zum kurzweiligen Zeitvertreib zu geben: „Hielten sich aber einmal nicht viele schöpferische Menschen im Hause auf, merkte ich bald, dass für Unterhaltung gesorgt werden musste. Also borgte ich den Gästen Bücher, regte sie zu Wanderungen an und veranstaltete jede Woche ein harmloses kleines Kostümfest."[20]

Beide Ehepartner sind nun im Erholungsheim Weißenstein als Ideengeber und Vorleser gefragt. Clara ist zudem für das leibliche Wohl der Gäste verantwortlich, muss demzufolge auch das Personal anleiten. Auch sieht sie es als ihre Pflicht an, für die Sicherheit der Gäste Sorge zu tragen. Ihr bereits erwähnter „sechster Sinn" hilft ihr dabei einige Male, drohende Gefahren rechtzeitig zu erkennen, bevor jemand zu Schaden kommt. So hatte Clara aufgrund eines warnenden nächtlichen Traums, in dem eine Gipswand, die

---

20 Clara Nordström, Mein Leben, S. 246, vgl. Foto S. 14.

im Turm zwei Zimmer trennte, auf sie fiel, bei einem Sägewerk Holzbalken als Stützen bestellt, die auch nach fünf Tagen geliefert und als Wandstützen eingebaut wurden.

In ihrer Biografie „Mein Leben" beschreibt sie dann eindrucksvoll den folgenden Tag, den Tag des großen Orkans und Windwurfs im Jahr 1929:

„Dann stieg am Morgen jenes unvergesslichen 4. Juli die Sonne an einem wolkenlosen Himmel über den Bergen des Bayerischen Waldes auf. Unterhalb des Turms wogten reife Kornfelder bis hinab in das breite Tal des Flusses, wo der Marktflecken lag. Noch sangen die Vögel sorglos in den mächtigen Kastanienbäumen auf dem Hofplatz, Kinder spielten auf dem grünen Hügel hinter der Burgbrücke und die armen, fleißigen Waldbauern verrichteten, nichts Böses ahnend, ihre Arbeit. Buberl kam am Nachmittag mit seiner etwas älteren Spielgefährtin Tonerl aus dem Dorf eilig die Treppe heraufgerannt und ich sah sie in der Löwengrube[21] verschwinden. Ich selbst ging mit zwei Lehrerinnen in die Bibliothek, wo ich ihnen Bücher zum Lesen aushändigen wollte. Die eine von ihnen blickte zum Fenster hinaus und fragte erstaunt: ‚Was ist denn das?' …

Auch ich sah nun hin und erschrak heftig, denn fern in dem sehr weiten Tal entdeckte ich eine schieferblaue Wolkenwand. Sie reichte vom Himmel bis zur Erde und schob sich immer näher. Vor ihr bewegte sich etwas Gelblichweißes. Sofort erinnerte ich mich an die Schilderung in Mamas Brief. ‚Eine Windhose!', rief ich entsetzt und verließ eilig die Bibliothek. Im Gleisdreieck[22] kam mir ein junges Mädchen entgegen, das Arbeit abliefern wollte. Schnell bat ich sie zu verhindern, dass die Kinder das Zimmer verließen,

---

21 Alle Zimmer im Turm hatten Namen, Gotthards Zimmer hieß nach seinem Haarschopf „die Löwengrube".

22 „Gleisdreieck" hieß der Flur im 1. Stock mit mehreren Türen, die in verschiedenen Zimmer führten.

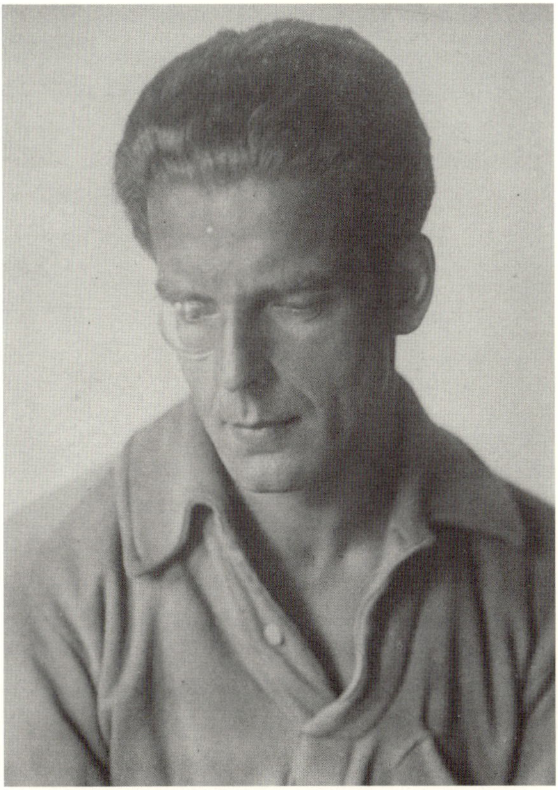

Siegfried von Vegesack

und eilte dann hinunter, um an der Schalttafel das elektrische Licht abzustellen, nötigte die Gäste, die auf der Terrasse bleiben wollten, augenblicklich ins Haus zu kommen, schloss beide Haustüren ab und hastete zu den Kindern hinauf. Schon sahen wir dort vom Fenster aus, ganz so, wie Mama es geschildert hatte, tote Vögel und große Äste draußen waagrecht durch die Luft fliegen, als mir zum Glück der Gedanke kam, die von innen angebrachten Läden an den drei hohen Fenstern zu schließen. Nur einen Augenblick befanden wir uns im Dunkeln, als schon das Entsetzliche mit betäubendem Gedröhn über uns war. Wir standen nebeneinander dicht vor der hohen Gipswand, gegen die der ungeheure Orkan durch die schon zertrümmerten Fenster der Bibliothek raste. Doch daran dachte ich in diesem Augenblick nicht. Ein so starkes Gottvertrauen, wie ich es noch nie erlebt hatte, bemächtigte sich meiner. So laut ich es vermochte, rief ich mitten in das Gedröhn hinein: ‚Gottes Wille soll geschehen, und Gottes Wille ist gut, einerlei, ob Er uns leben oder sterben lässt!' Buberl ließ völlig beruhigt meinen Rock los. Wenn die Mutter davon überzeugt war, zweifelte auch er nicht daran. Tonerl hörte auf zu weinen. Das junge Nähmädchen aber rannte an das eine Fenster, an dem der Laden klapperte, und versuchte durch die schmale Spalte hinauszuspähen. ‚Das Nachbarhaus brennt!', schrie sie. ‚Über dem Dach wehen lauter Rauchfahnen!' Sie stürzte zur Tür, die sich aber nicht öffnen ließ, weil der Orkan auch durch die zerschmetterten Fenster vom Gleisdreieck gegen die Tür und die Gipswand raste. Ja, ein Orkan war es, aber von der Stärke einer Windhose. Er wälzte weißgelbe Wogen vor sich her, die wie Rauch aussahen, hob Dächer ab, drückte Hauswände ein und blies vollbeladene Erntewagen durch die Luft, als wären sie Federn. Viele Kilometer weit brach er die Bäume der großen Wälder und tötete dreißig Menschen. Doch die Gipswand hatte feste Stützen bekommen und blieb stehen. Als wir endlich das Zimmer wieder verlassen konnten, bedeckten im Gleisdreieck die Scherben der zertrümmerten Fenster den Fußboden. Fetzen von Vorhängen lagen in den Ecken, andere fehlten ganz, Tintenfässer waren an die Wände geschmettert worden und alle Stühle durcheinandergeworfen. … Kaum fassbar war das Maß der Verwüstung, das sich uns im Garten und in der Landschaft bot. Nicht nur, dass einer unserer mächtigsten Kastanienbäume vor der Tür lag. Als wir uns durch seine Äste hinausgearbeitet hatten, sahen wir, dass an allen Bäumen und Büschen sämtliche Blätter fehlten. Kahl wie im tiefen Winter streckten sie die Äste dem Himmel entgegen. Die ganze Ernte der sehr armen Bevölkerung war vernichtet. Wo noch vor einer Stunde reifer Roggen gewogt hatte, sah man jetzt nur noch Stoppelfelder, und eine unnatürlich rote Sonne warf Lichter, die Blutlachen glichen, auf die Verwüstung herab. Ein alter Mann aus dem Dorf stand unerwartet vor mir, der erste Lebende der Außenwelt! ‚Oh, Vater Killinger', rief ich besorgt, ‚wie steht es bei Ihnen?' Er schwieg ein wenig, dann sagte er in seiner stillen Art: ‚Die ganze Ernte ist hin. Und wir sind nicht versichert.' Gleich darauf folgte: ‚Kann ich euch helfen?' Das war einer aus dem armen kleinen Dorf, das ich damals liebte und auch heute noch liebe. Wie oft sprachen auch die anderen so, obwohl sie selbst in Not waren: ‚Kann ich euch helfen?' Ich dankte Gott für diese Menschen und auch für seine Warnung."[23]

Dunkle Wolken ziehen auf

Allmählich fühlt sich Siegfried aber durch den Gästebetrieb im Turm in seiner schriftstellerischen Arbeit beeinträchtigt und er hält sich oft in Waldhäuser am Lusen auf, um bei Reinhold Koeppel einige ungestörte Tage zu verbringen. Clara leidet immer mehr unter der wachsenden Entfremdung zu ihrem Ehemann und schreibt in ihrer Autobiografie: „Wenn ich an unsere restlose Zusammengehörigkeit in all den ersten Jahren dachte, war es mir, als strecke ich meine Hände vergeblich nach einem Blumenduft aus, der sich mehr und mehr verflüchtigte. Da ich aber, trotz allen Grübelns, nicht die Ursache erkennen konnte, war ich bemüht, nicht daran zu denken. Es fand sich auch keine Gelegenheit dazu, denn es gab unübersehbar viel zu tun."[24]

Es ist das Jahr 1929, das Jahr der großen Weltwirtschaftskrise. Man entschließt sich, den Turm an die Künstlervereinigung „Porza" zu verpachten. Die Familie hält sich im Gegenzug in

---

23 Clara Nordström, Mein Leben, S. 252-255.

24 Clara Nordström, Mein Leben, S. 248.

einem Porza-Haus in Cadempino bei Lugano in der Schweiz auf, nicht zuletzt auch des milderen Klimas wegen. Hier übersetzt Clara zwei Bücher vom Schwedischen ins Deutsche und beginnt mit dem Roman „Kajsa Lejondahl". Menschenfreundlich wie Clara nun einmal ist, knüpft sie auch hier Kontakte und lernt auf diese Weise die Schweizerin Lea de Loeb, „Nena", kennen, die sie alsbald in ihrer Arglosigkeit auch ihrem Mann Siegfried vorstellt. Dieser empfindet viel Sympathie für Nena und bleibt ihr das ganze Leben auch nach ihrer Auswanderung nach Argentinien in tiefer Zuneigung und Freundschaft verbunden. Nun hat eine andere Frau den Platz in Siegfrieds Herz eingenommen. Das Ehepaar hat sich bald nicht mehr viel zu sagen. Clara zieht 1930 mit Gotthard nach Stuttgart, Vegesack bleibt wie geplant bis 1932 im Tessin; er hat sich außerdem immer mehr dem Nur-Literarischen zugewandt. Nach all den einsamen Jahren in Weißenstein hat ihn auch eine Sehnsucht erfasst, draußen ein Leben mit Menschen zu führen, die ebenso denken wie er. Clara selbst schreibt, dass sie sich oft gefragt habe, ob diese Wandlung in ihm unbedingt hätte stattfinden müssen oder ob sie gekommen sei durch die Begegnung mit den vielen Sommergästen, die sie selbst in das bisher stille Heim geholt hat. Clara sieht aber auch ein, dass ihr Mann sich vielleicht zurückgesetzt fühlt, seit sie sich so intensiv mit den Glaubensdingen beschäftigt; ihre tiefe Frömmigkeit und ihr fester Glaube an Gottes Gegenwart wird von ihm nicht geteilt. Bei einer Ski-Wanderung zum Arber kommt es zwischen Kai und Pytt in Vegesacks Roman „Das fressende Haus" zu einer denkwürdigen Aussprache bezüglich des Glaubens. So bekennt Siegfried in Gestalt des Kai: „‚Wie entsetzlich', meinte Kai, ‚überall wird hier dieses furchtbare Kreuz mit dem zu Tode gemarterten Gott aufgestellt, als wären die Menschen stolz darauf, dass sie Gott gekreuzigt haben.'"[25]

25 Siegfried von Vegesack, Das fressende Haus, S. 94.

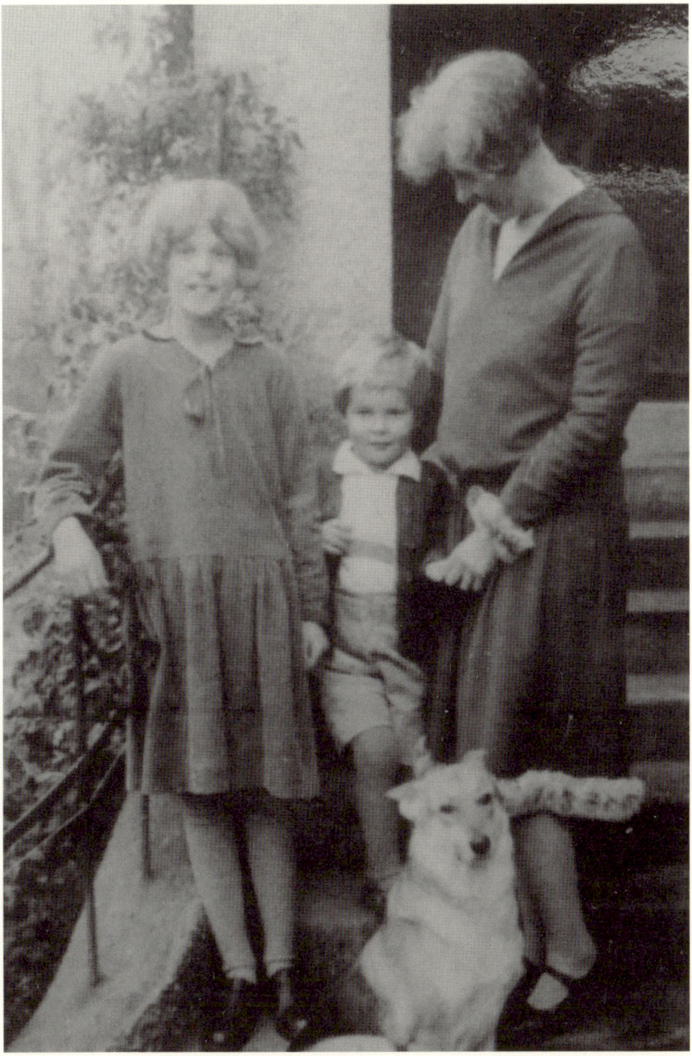

Clara mit den Kindern Isabel und Gotthard
und mit Hündin Lappa in Solln 1927

Er lässt ihn Pytt, also Clara, fast befremdet fragen: „Aber irgendetwas muss man doch glauben, … irgendetwas … Wenn man an allem zweifelt, wie kann man da leben?" Auf die Frage nach dem Jenseits bekommt sie zur Antwort: „Nein, an euren Himmel glaube ich jedenfalls nicht. Der ist doch nur ein Trost für die Schwachen und Armen, damit sie sich mit ihrem Elend abfinden. Hier sollt ihr euch schinden, dort werdet ihr belohnt. Seid brav, damit ihr in den Himmel kommt. Welche Moral, das Gute tun, damit man nicht in der Hölle geschmort wird. Ist das nicht grauenhaft? Schlimmer als jedes Heidentum. Auf allen diesen Marterln im Walde sieht man die im Höllenfeuer zappelnden Sünder abgemalt. Gott nagelt man ans Kreuz, die Menschen lässt man schmoren und der Mutter Gottes stößt man ein Schwert mitten durchs Herz!"[26]

Und außerdem konstatiert er, Kai bzw. Siegfried: „Pytt fühlte zum ersten Male eine Mauer aufsteigen, die ihn von ihr trennte. Etwas Kaltes, Fremdes schob sich zwischen sie beide."[27]

„Eine Frau, die jetzt auch für einen anderen lebte, genügte ihm nicht, auch wenn jener Andere Gott ist."[28] Als Ergänzung seines Wesens braucht er unter diesen Umständen einen anderen Menschen. Das Ehepaar ist höflich zueinander, doch der Bruch lässt sich nicht mehr verheimlichen. So klagt Clara mit der Figur der Signe: „In den Nächten lag Signe wach und sie meinte oft, ihr Herz rufe so laut, dass man es durch alle Wände hören müsste. ‚Wie konnte es nur so zwischen uns werden? Ich such dich ja vergeblich Tag und Nacht! Warum bist du mit deinem Herzen nicht bei mir geblieben?'"[29]

Clara zieht also mit Gotthard nach Stuttgart, damit er dort eingeschult wird. Isabel wohnt schon dort bei einer befreundeten Baltin und durchläuft eine Lehre. An Weihnachten und an

26 Siegfried von Vegesack, Das fressende Haus, S. 95.

27 Ebd.

28 Clara Nordström, Mein Leben, S. 258.

29 Clara Nordström, Lillemor, S. 250.

Ostern trifft sich die ganze Familie im Turm. In den Sommerferien, man schreibt das Jahr 1932, fährt Clara mit Gotthard an das Skagerrak, wohin ihr Siegfried folgt. Beide sind aber an getrennten Orten untergebracht. Hier kommt es auch zu einer schicksalsschweren Aussprache, kurz bevor sie mit dem Jungen nach Deutschland zurückkehrt.

„So erreichten wir die Stelle am Ufer. … Jeder von uns legte sich stumm in je eine der Mulden. … Da, langsam kamen Worte, höflich und in wohlwollendem Ton: ‚Bislang habe ich nie an eine Scheidung gedacht. Ja, ich glaubte, dass nach einigen Jahren alles so werden könnte, wie es früher war. Aber inzwischen hat sich etwas geändert. Ich möchte nun doch eine andere Ehe eingehen. Es handelt sich um eine Frau im Ausland.‘“[30]

Die Rede ist von Nena, die mittlerweile in Südamerika lebt, und die Clara selbst einst ihrem Mann vorgestellt hat. Siegfried wird Nena nach der Scheidung ab 1936 dort dreimal besuchen und ihr leidenschaftliche Gedichte widmen. Zu einer Heirat wird es jedoch nie kommen. Nena kann als Halbjüdin nicht nach Nazideutschland zurück, und Vegesack will seine Kinder nicht im Stich lassen.[31] Clara bäumt sich 1932 verzweifelt gegen das schwer Begreifliche auf, indem sie Siegfried bittet, der Kinder wegen auf die Scheidung zu verzichten und eine Wohnung, egal an welchem Ort, zu mieten, mit zwei Eingängen und streng geteilt, nur dass die Kinder ein Heim hätten und dem Vater nahe sein könnten. Doch es gibt kein Zurück. Siegfried verneint. Schließlich schenkt sie ihm den Turm und die dazugehörenden Grundstücke, weil es ohne ihn keinen Wert mehr für sie darstellt. Nur für die auf dem Haus lastenden Schulden müsse er aufkommen. „In dieser Stunde, in der ich meinen liebsten Menschen für immer verlor, tat er mir mitten im Schmerz grenzenlos leid, vielleicht weil ich

30 Clara Nordström, Mein Leben, S. 307/308.

31 Vgl. Siegfried von Vegesack, Die Überfahrt, Langen Müller Verlag, München 1967, S. 51.

unklar ahnte, dass seine Handlungsweise ihn nicht glücklich machen konnte."[32]

Vegesack selbst lässt in seinem Roman „Das fressende Haus", die Lebensbeschreibung der Romanfigur Pytt mit der Geburt des ersten Kindes ausklingen. Damit will er vielleicht sagen, dass sich seine Frau seit der Geburt und dem Tod der kleinen Karin verändert hat und seine Liebe zu ihr erkaltet ist. Auch Clara schreibt in ihrem Roman „Lillemor", in dem sie wiederum ihr Leben mit Siegfried auf Weißenstein beschreibt, von der Entfremdung, die zwischen Signe und Alexander stattgefunden hat, lässt aber den Ausgang offen, denn für sie ist die Liebe nicht gestorben.

In den folgenden Jahren hat es Clara sehr schwer und es gelingt ihr nur mit allergrößter Anstrengung, für sich und die Kinder zu sorgen. Ihrem Mann ist es für einige Zeit nicht möglich, Geld für den Unterhalt zu schicken. Um sich über Wasser zu halten, spricht Clara in letzter Not bei der Deutschen Verlagsanstalt in Stuttgart vor und bittet um Arbeit. Nach Durchsicht ihrer Manuskripte ist man bereit, diese zu drucken. Die größte Not ist wieder einmal gebannt. Clara leidet zu dieser Zeit an Herzmuskelschwäche und Bronchialasthma und kann zeitweise ihren rechten Arm nicht mehr bewegen. Im Übrigen schreibt sie wegen ihres schwachen Rückens weitgehend im Liegen. Von der existenziellen Not abgesehen, kommt zum körperlichen Leid auch der seelische Schmerz, als sie 1935 von Siegfried von Vegesack geschieden wird, von dem sie bereits seit 1932 getrennt ist.

In „Kajsa Lejondahl" lässt sie einen Advokaten klagend anmerken: „Augenblicklich habe ich einen Mord vor Gericht, aber weißt du, was schlimmer als alles ist? – Das ist, Gatten zu scheiden. – Da ist es, als schrie es in der Erde und oben im Himmel, schrie Verräterei gegen die Urkraft, die Quelle des Guten, gegen die Liebe."[33]

---

32 Clara Nordström, Mein Leben, S. 309.

33 Clara Nordström, Kajsa Lejondahl, S. 88.

Vegesack selbst schreibt 32 Jahre später: „Es war eine glückliche Ehe, wie es sie heute nur noch selten gibt. Eine wunderbare Frau und wohlgeratene Kinder, was will man mehr? Ja, ich war glücklich und wusste es selbst nicht, wie glücklich ich war. Aber das weiß man wohl nie. Das weiß man erst nachher, wenn alles vorbei ist. Vielleicht habe ich kein Talent dazu, glücklich zu sein. Eines Tages ging alles in die Brüche. Schuld? So was kommt auch ganz von selbst. Ohne Schuld. Die Zeit, die schreckliche Zeit riss uns auseinander: Wir wurden geschieden. Und die Kinder blieben bei ihr. Was sollte ich mit ihnen anfangen?“[34]

Ja, die Kinder bleiben in Stuttgart und Siegfried fungiert in Zukunft eher als Ferienvater, der bemüht ist, auch für den Unterhalt der Kinder zu sorgen, was ihm nicht immer gelingt. Die Hauptlast trägt Clara, die mit unsäglichen Mühen sich und vor allem Gotthard durchbringen muss. Die Tochter Isabel ist schon außer Haus.

Gotthard ist in einer Heimschule in Korntal untergebracht und Clara selbst bewohnt das Dachzimmer eines Hauses, das in einem Stuttgarter Vorort in der Nähe der Schule liegt. Sie muss für ihren Unterhalt selbst aufkommen, weil Siegfried dazu nicht in der Lage ist. Bei einer Schwedenreise hat sich Clara eine Schienbeinverletzung zugezogen, die sie im ersten Moment nicht ernst nimmt. Die Wunde wird immer größer und heilt nicht. Sie hat große Schmerzen beim Gehen und muss in Stuttgart bald das Bett hüten. In der Zeit ihrer Krankheit schreibt sie an „Lillemor“. Auch ihr Bronchialasthma verschlimmert sich, sodass sie sitzend schlafen muss. Gotthard bekommt ein Stipendium der Urspringschule[35] in Schelklingen bei Blaubeuren, Clara selbst

34 Siegfried von Vegesack, Die Überfahrt, S. 50.

35 Die Urspringschule bei Schelklingen wurde 1930 in der reformpädagogischen Tradition der Kurt-Hahn-Schulen als evangelische Internatsschule auf dem Gelände des ehemaligen Benediktinerinnenklosters Urspring gegründet. In der Zeit des Nationalsozialismus wurde die Schule verstaatlicht, nach dem Zweiten Weltkrieg an die Stiftung Urspringschule zurückgegeben.

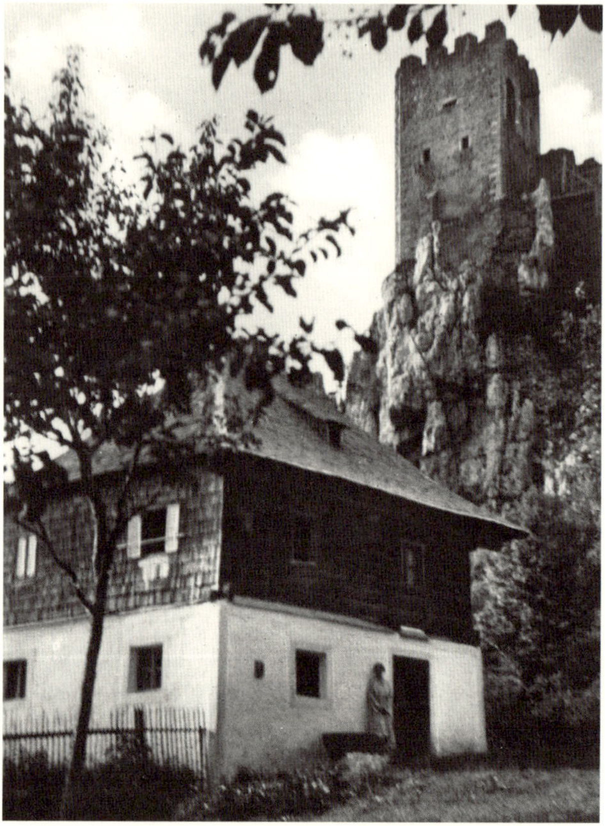

Clara vor dem von ihr gemieteten Obermeierhaus in Weißenstein

wohnt in einem Gästehaus in Stuttgart-Degerloch, wo sie auch versorgt wird. Da tritt man an sie heran, auch im Rundfunk zu sprechen. Liegend – mit Fieber – wird sie ins Funkhaus gebracht. Eine Krankenschwester steht bereit für den Fall, dass sie einen Schwächeanfall erleidet. Immer mehr Lesungen werden nun verlangt und Clara muss kreuz und quer durchs Land reisen. Obwohl sie nur ein geringes Honorar erhält, schleppt sie sich trotz angeschlagener Gesundheit von Lesung zu Lesung, bis es zu einem körperlichen Zusammenbruch kommt. Sie muss nun auch ihr Stübchen in Stuttgart aufgeben, weil das Geld nicht mehr reicht. Ihre Habe stellt sie bei sechs verschiedenen Bekannten unter; sie selbst hat kein Dach mehr über dem Kopf.[36]

Clara will nun für eine Zeit nach Weißenstein gehen, um sich im Turm zu erholen. Da sich Siegfried von Vegesack von 1936 bis 1938 in Südamerika aufhält, hat er die Organisation für das Deutschtum im Ausland beauftragt, ihn zu vertreten. So bemüht sich die Gesellschaft eifrig darum, den Turm zu verpachten; nur das große Bibliothekszimmer sollte Siegfried bzw. Clara immer zur Verfügung stehen. Ein Österreicher ist bald gefunden, der den Turm pachten will, allerdings nur unter der Bedingung, dass niemand darin wohne. So bleibt Clara nichts anders übrig, als sich nach einer anderen Bleibe umzusehen. Sie kann das Gartenhaus des Nachbarn Obermeier mieten und gibt sich hier der Schriftstellerei hin.

Hier in Weißenstein verheilt endlich ihre Schienbeinwunde und Clara geht zurück nach Stuttgart. Im Auftrag der Norddeutschen Gesellschaft hält sie Lesungen in verschiedenen Städten und kann sich dabei etwas Geld verdienen. Es schmerzt sie besonders, dass sie ständig unter fremden Dächern schlafen muss und dass sie und ihre Kinder nicht wissen, wohin sie eigentlich gehören.

Hausbau in Baiersbronn

Clara verspricht Gotthard, bald ein eigenes Häuschen zu bauen. Bei ihrem Vortragsbesuch in der Urspringschule hat er ihr erzählt, er wisse gar nicht, was er antworten solle, wenn ihn die Schulkameraden fragen, wo er wohne.[37]

---

36 Clara Nordström, Mein Leben, S. 329.

37 Clara Nordström, Mein Leben, S. 337.

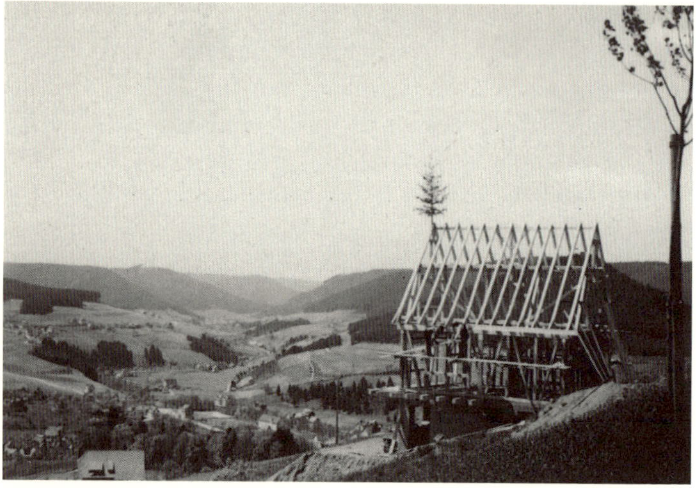

Richtfest beim Hausbau in Baiersbronn, Panoramaweg

Als sie hört, dass in Baiersbronn der Bürgermeister eine „Künstlerkolonie" ansiedeln will, nimmt sie die Gelegenheit in den Ferien dort wahr, sich bei ihm zu melden. Zusammen mit Gotthard geht sie zum Bürgermeister und erzählt ihm, dass sie gerne in Baiersbronn oben auf der Höhe, gegenüber von Frau Fendrich[38] ein Häuschen bauen würde, da, wo man nicht bauen dürfe. Der Bürgermeister zeigt sich dennoch erfreut, nennt ihr einen Architekten, der „wohnt hier gleich um die Ecke"[39]. Als sie mit Gotthard zu ihm kommt, fängt er sofort an zu planen, fragt nach ihren Wünschen und informiert sie, dass sie für Grundstück und Haus 12.000 Mark brauchen wird. Am nächsten Tag weiß Clara: Der Verlag will ihr 6000 Mark Vorschuss geben. Der Bürgermeister versichert ihr, dass die Gemeinde den Rest

38 Bei der Wirtin Frau Fendrich wohnten Clara und Gotthard im ersten Urlaub in Baiersbronn. Mein Leben, S. 338.
39 Clara Nordström, Mein Leben, S. 339.

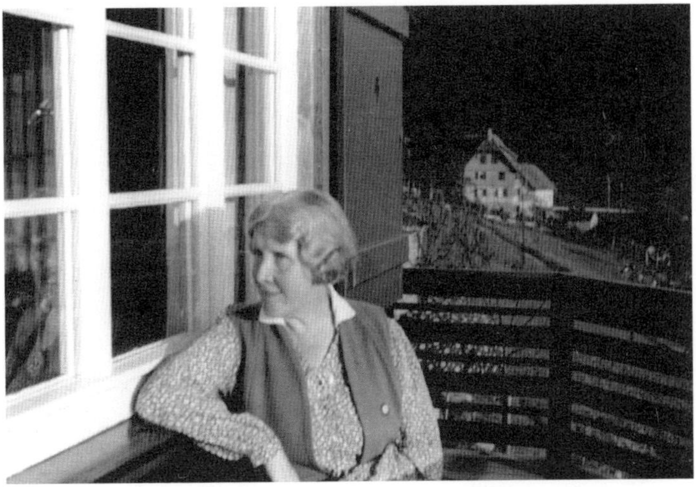

Clara auf dem Balkon ihres Hauses in Baiersbronn

als Anleihe gibt.[40] Überglücklich verlassen Clara und Gotthard den Bürgermeister!

Die 1950 beglaubigte Abschrift des Kaufvertrages nennt als Kaufpreis 1,50 Mark pro Quadratmeter Grund. Bevollmächtigt wird von Clara für alle Entscheidungen der Polizeioberst a. D. Karl Gaisser. Er und seine Frau Hilde ziehen 1945 als Mieter in das Haus, nachdem Clara dauerhaft auf Lesereisen und in Königsberg ist. Nach Claras Tod wird das Haus von den zehn Erben – Sohn Gustav Adolf Reiche und seine Frau Brigitte mit ihren Kindern Axel, Lutz und Jost sowie Tochter Isabel Häussler und ihr Mann Georg mit ihren Kindern Christine, Friedrich, Dore und Hella – im April 1963 für 20.000 DM an das Ehepaar Gaisser verkauft.

40 Details sind nachzulesen in Clara Nordström, Mein Leben, S. 339-341.

Claras Ansprache an die Bauarbeiter ihres Hauses in Baiersbronn:

„Meine lieben Arbeitskameraden!

Ich danke Ihnen Allen, die Sie da oben am Bergabhang in der heißen Aprilsonne und in dem eiskalten Mairegen gearbeitet haben! Ich danke auch Ihnen, Herr Kläger, für all Ihre mühevollen, kleinen, feinen Striche auf dem Papier, und für alle Ihre Morgenwanderungen bei Sonne und Regen, zum Bau hinauf. Einer lieben Frau[41], die hier anwesend ist, die mir aber strikt verboten hat, ihren Namen zu nennen, möchte ich auch herzlich danken, für ihre zahlreichen guten Ratschläge und ihren Beistand zu Hause, wenn ich mich nicht zurechtkannte. Vor allem aber danke ich dem Herrn Bürgermeister, ohne dessen Hilfe das Häusle nie hätte gebaut werden können. Ihnen, meine lieben Arbeitskameraden da oben am Bau, möchte ich noch extra sagen:

Glaubt nicht, dass man euch vergisst,
Wenn die Arbeit fertig ist!
Jeder Stein am Gartenland,
Jeder Balken in der Wand
Ruft noch lange in die Welt:
So hat man mich hingestellt!
Stünde ich nicht völlig gerade,
Dächte man noch oft: Wie schade!
Doch ist alles wie es soll,
Wird das Maß der Freude voll!
Und man weiß: Das tat ein Mann,
Der da wirklich etwas kann!

Liebe Arbeitskameraden, ich weiß aber auch gut, dass eine Arbeit durch Geld im Grunde nicht ganz beglichen werden kann! Weil der Schaffende durch sein Werk auch immer ein

---

41 Gemeint ist Frau Fendrich, vgl. Fußnote 38.

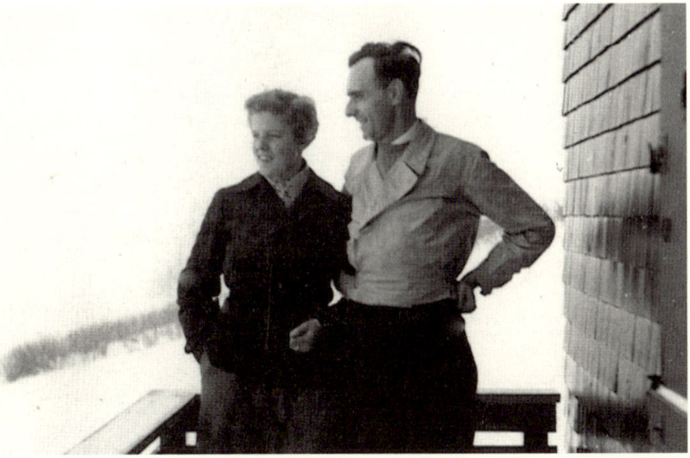

Isabel und Georg Häussler auf dem Balkon in Baiersbronn

kleines Stück von sich selbst gegeben hat. Und dies kann man nur begleichen, indem man es dankbar empfindet, und indem man vor dem Werk auch an Sie denkt, die es mit ihrer Kraft geschaffen haben. Ich weiß gewiss, dass ich in meinem Häuschen oft an Sie Alle zurückdenken werde. Und dankbar für Ihre treue Hilfe, wünsche ich Ihnen heute von Herzen recht viel Glück."

Der Hausbau erfolgt mit viel Eigenleistung und Unterstützung von Nachbarn. Clara pflanzt Blumen, und bald grünt und blüht es vor ihrem Häuschen in Gelb und Orange, ihren Lieblingsfarben, mit Rudbeckien, Ringelblumen, Kapuzinerkresse und Sonnenblumen.

Krieg!

Da beginnt der Zweite Weltkrieg. Clara nimmt an, dass während des Krieges keine Lesungen von ihr gewünscht werden, aber das Gegenteil ist der Fall. Von überall her bittet man sie, den von Sorgen niedergedrückten Menschen Ablenkung von ihren Nöten zu bringen. Gotthard meldet sich siebzehnjährig heimlich bei den Fallschirmspringern. Clara ist bestürzt und schreibt in ihren Memoiren: „Obwohl mein Herz sich zusammenschnürte, vermochte ich ihm doch keinen Vorwurf zu machen. So sehr ich den Krieg auch ablehnte, war mir doch alles Sich-Drücken-Wollen entsetzlich, und ich sah seine freiwillige Tat als eine Opferbereitschaft für alle an. Fallschirmspringer wollte er werden! Eingeschlossenen Kameraden Hilfe bringen! ... Was aber in diesem Krieg Entsetzliches geschehen mochte, an Gottes Güte zweifelte ich nicht."[42]

In einigen kritischen Stellungnahmen wird die Meinung vertreten, Clara, die sich selbst als völlig unpolitisch bezeichnete, habe durch ihre frühzeitige Begeisterung für den Nationalsozialismus mit dazu beigetragen, dass sich ihr Mann von ihr abgewandt habe. Aufgrund ihrer allzu großen Vertrauensseligkeit, ihres mangelnden Kritikvermögens, ihrer Gutgläubigkeit und ihres Glaubens an das Gute im Menschen bzw. ihrer hohen Meinung vor allem vom deutschen Menschen, der ein so reiches Kulturleben hervorgebracht hat, begeistert sie sich für Hitler und glaubt bedingungslos seinen Parolen „Deutschland will keinen Krieg" und „Brot für alle". Nachdem die wirtschaftliche Not seit der Weltwirtschaftskrise im Jahre 1929 immer größer geworden ist, sehnt sie sich, wie fast alle, nach einem starken Menschen, der wieder Ordnung ins Land bringt. Wie sehr sie Krieg verabscheut, hat sie mehrfach in ihren Romanen zum Ausdruck gebracht, wie z.B. in „Lillemor" in Gestalt der Signe, die in den Ersten Weltkrieg ziehende Soldaten beschreibt: „Graue Uniformen sah sie, graue Helme, Gewehre, Tornister und an die Brust gesteckte Blumen. In diesen Gesichtern war nicht nur entschlossener Ernst, auch Grauen war in ihren Augen, als ahnten sie, dass sie dem Tod entgegen gingen. Etwas Verzwei-

---

42 Clara Nordström, Mein Leben, S. 354.

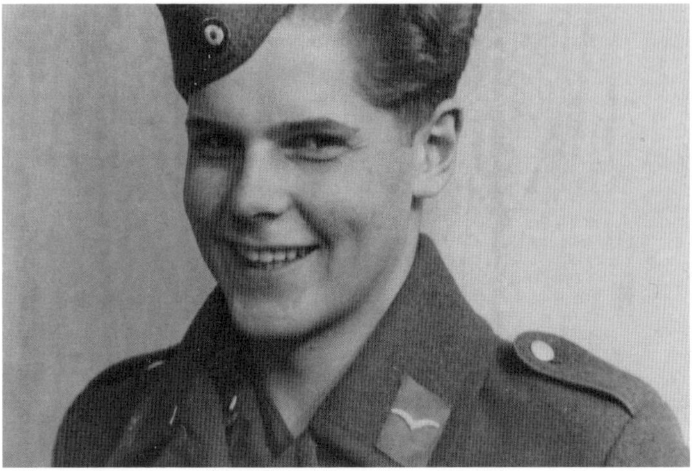

Gotthard als Soldat 1941

feltes, Mütterliches, schrie in Signe auf. Ruft doch die Buben zurück. Die jungen Freiwilligen, die in den Tod gehen. Oh, ihr Menschen, die ihr an der Macht seid, sorgt doch endlich dafür, dass es keine Kriege mehr gibt."[43]

In der Zwischenzeit fährt Clara zu Lesungen kreuz und quer durch Deutschland und findet dabei Ablenkung von ihren Ängsten, die sie mit Siegfried und Isabel teilt, wie sie in einem Brief vom 30.11.1943 aus Baiersbronn schreibt: „Dass Gotthard in Russland ist, quält auch mich Tag und Nacht. Und es verbindet mich mit dir und Bella sehr, dass ich eure Sorgen um ihn dabei spüre. Besonders fürchte ich, dass er auf der Krim eingesetzt wird. Doch, alles kann gut gehen! Und der liebe Kerl wurde schon als Kind einmal seltsam geschont..."[44]

---

43 Clara Nordström, Lillemor, S. 101.

44 Bayer. Staatsbibliothek Ana 397, II B., vgl. Barbara von Schnurbein, Mein Junge, 2018, S. 88.

Sie wird an den Reichssender in Königsberg berufen, um in schwedischer Sprache aus ihren Büchern vorzulesen. Das Häuschen in Baiersbronn ist zwischenzeitlich vermietet.[45]

Der Krieg ist in vollem Gange. Da kommt die Nachricht, dass Sohn Gotthard am 30. März 1944 „bei der Abwehr eines russischen Angriffs auf Ananjew, 10 km südlich von Petrowka in Südrussland“[46] in der heutigen Ukraine gefallen ist. Clara ist schwer getroffen und beugt sich so tief wie noch nie in ihrem Leben: Herr, dein Wille geschehe.

Flucht von Königsberg nach Hamburg

1945 muss sie vor den heranrückenden Russen aus Königsberg fliehen. Es ist vorgesehen, dass sie, wie einige Tausend andere, mit der „Gustloff“ evakuiert werden soll; doch der Dampfer, der auf dieser Fahrt am 30.1.1945 von den Russen versenkt wird, ist überfüllt und Clara muss eine andere Reisemöglichkeit finden. In einem Eisenbahnwaggon mit 600 Schülern gelingt ihr schließlich über Danzig die Flucht. Ausgehungert und krank kommt sie in Hamburg an, wo auch ihre Tochter Isabel, die mit einem Arzt[47] verheiratet ist, wohnt und selbst große Not leidet. Sie bezieht hoch über der Alster in Hamburg-Blankenese eine

---

45 Die langjährigen Freunde, Karl und Hildegard Gaisser, mieteten das Haus zunächst und kauften es dann 1963 nach Claras Tod von den Erben. Schon 1950 hatte Clara ihnen notariell ein Vorkaufsrecht eingeräumt.

46 Schreiben an Clara Nordström von Georg Helwig, Hauptfeldwebel, L 52 534, Luftgaupostamt Breslau, datiert vom 3. Mai 1944, Vegesack-Archiv Regen.

47 Dr. Georg Häussler (1904–1977) war Neurologe in Hamburg, Oberarzt und zuletzt Professor der neurologischen Universitätsklinik in Hamburg-Eppendorf. Er war auch der Testamentsvollstrecker nach Claras Tod und Bevollmächtigter beim Verkauf des Hauses in Baiersbronn, wie aus Unterlagen im Vegesack Archiv Regen hervorgeht.

Dachkammer. Clara berichtet, wie Siegfried, „Vän“, und Tochter Isabel mit ihrem Mann sie in ihrem Stübchen besuchen und sie zu einer Lesung abholen:

„Seltsam war es, sich hier oben in der kleinen Dachkammer wiederzusehen! Was war aber mit Vän? Wir hatten uns kaum begrüßt, als der großgewachsene Mann einen jähen Schwächeanfall erlebte. Meine Tochter holte rasch ein Glas Wasser, mein Schwiegersohn half ihm, sich auf meine zweite Liege am Fenster zu legen, und ich breitete eine Decke über seine Füße. ... Als wir auf dem Heimweg uns etwas hastig trennen mussten, warf er mir einen so unerklärlichen verzweifelten Blick zu, sodass ich ratlos darüber nachdachte, was er wohl bedeuten mochte. Einige Tage später gab ein Brief von Vän Auskunft, auch über seinen rätselhaften Schwächeanfall: Es hatte ihn sehr geschmerzt zu sehen, wie ich wohnte. Ich schrieb ihm sofort beruhigend; denn in mir war Friede.“[48]

Clara beschäftigt sich mit dem Studium des Katechismus und setzt sich intensiv mit dem Glauben auseinander. Immer stärker fühlt sich Clara zum Katholizismus hingezogen und tritt schließlich, im Frühjahr des Jahres 1948, zum katholischen Glauben über. Bisherige Freunde und treue Leser wenden sich empört und enttäuscht ab. Da erkrankt sie nochmals sehr schwer, bekommt ein Hungerödem und heftiges Bronchialasthma, sodass sie das ganze Jahr 1949 im Krankenhaus zubringen muss. Sie schreibt trotzdem weiter an ihren Büchern. Sie kehrt nun wieder für ein Jahr nach Stuttgart zurück, schreibt am Roman „Kristof“ und kann ein Jahr von dem Geld leben, das sie sich durch Lesungen verdient. 1952 wird in einem Zeitungsinterview bereits von 800 Lesungen gesprochen.[49]

Sie liest vor allem im Württemberger Raum und kommt so auch nach Neresheim, wo sich eine bereits 1095 gegründete

---

48 Clara Nordström, Mein Leben, S. 379.

49 Rhein-Neckar-Zeitung vom 12.02.1952.

Benediktinerabtei befindet. 1952 wird sie dort Laienschwester und Oblatin des Hl. Benedikt. Im Auftrag des Sankt-Michaelsbundes reist sie nun durch ganz Bayern und hält Lesungen. Schließlich wird Clara für einige Zeit in Dießen am Ammersee sesshaft und verlebt dann im Altenpflegeheim Mindelheim[50] die letzten Monate ihres Lebens. Zu ihrem 76. Geburtstag schickt ihr Siegfried einen Blumenstrauß. Clara bedankt sich dafür noch bei Siegfried mit dem folgenden Brief vom 20. Januar 1962.

Der letzte Brief von Clara an Siegfried

„Du! Lille Vän! Hab tausend Dank für die schönen Blumeles! Es sind rotweisse gesprenkelte und zweifarbige Tulpen und gelbe Mimosen. Und der mächtige Strauss steht auf meinem kleinen Hausaltar! Und sie erfreuen mich sehr!

O Du, er ist hübsch der kleine Altar! Du kennst den schmalen Tisch aus Birkenmaser, der von zu Hause in Schweden stammte. In der Biedermeierzeit war er eigentlich ein Untersatz für einen sehr hohen Spiegel in gelbem Birken-Maser-Rahmen. Und in ihm haben sich Frauen der Biedermeierzeit gespiegelt. Später wurde er ein Schreibtisch für mich. Und noch später fand ich es wichtiger für eine Schriftstellerin einen Altar als einen Schreibtisch zu besitzen. Besonders da ich alles liegend schreibe. Da stellte ich die beiden hohen Silberleuchter darauf. Und zwischen ihnen steht noch eine kleine goldglänzende Schachtel mit tiefviolettem Sammet ausgeschlagen, und darin liegt ein Christkind, nicht größer als der Daumen eines zweijährigen Kindes. Und zu seinen beiden Seiten und am Kopfende stehen drei kleine Engelchen aus Holz und machen ihm Musikele und der eine singt ihm vor. Ist das Kitsch? Edel-Kitsch? Gemütvoller Kitsch? Weihnachtskitsch? Vielleicht.

---

50 Maximilianstraße 27.

Darüber an der Wand hängt ein schönes französisches Kruzifix aus der Rokokozeit, das man mir geschenkt hat. Und auf der spiegelnden gelben Holzplatte steht (sic) in einem schwedischen Zinnkrug aus Karl XII.-Zeit Deine schönen Blumen! (Eine Hyazinthe duftet zu stark!)

Ich liege, von großer Schwäche überfallen, glaube aber, dass es besser wird. Draußen gleiten die Wolken vorüber. Weiße auf blauem Grund. Die Riesentanne wirft ihre Zweige im sonnigen Vorfrühlingswind ratlos hin und her, und in meiner mächtigen Buche versammeln sich die kleinsten Vögel ganz oben, um möglichst lange die Sonne zu spüren. Aus der Ferne ertönt Marschmusik. Wozu das eigentlich?

Am Sonntag besuchte mich unser Bischof aus Augsburg, am 17. einige Frauen aus Diessen. Ach so, – der Narrenprinz zieht in Mindelheim ein! In dieser Zeit! Brr, das gefällt mir nicht! Aber deshalb spielen sie!

Mich besuchte neulich ein paar Mal der Dichter des Romans ‚Der Herr mit den drei Ringen'.[51] Das Buch ist sehr gut. Es fallen ihm aber Bilder und Worte gar zu leicht. Das ist eine Versuchung. Er macht unheimlich viele Worte. Sie sind aber so gut, dass man sie schwer streichen könnte. Und er lässt sich verlocken von allerhand Nebenfiguren, ihnen mitten in der Geschichte nachzugehen. Nur tut er es arg gut. Und kein Mensch sagt ihm das! Vermutlich werde ich ihn darauf aufmerksam machen, denn es ist sonst unrecht gegen den stark begabten, sehr lebendigen Mann gehandelt, der mit einer reizenden Frau ausgerüstet ist, die ihm alles abtippt! Dies nur so nebenbei, weil ich ungewöhnlicherweise Zeit habe zum Plaudern. Hoffentlich geht alles gut bei Bellachen[52]. Sie schreibt, dass Georg zittert, weil sie zu gehen versucht. Im Krankenhaus hat man es ihr aber befohlen. Möchte

51 Das ist Arthur Maximilian Miller (1901–1992), deutscher Lehrer und Schriftsteller, der dann die Grabrede für Clara hielt.

52 Isabel Häussler in Hamburg.

auch alles zur Kristelchen[53] gutgehen! Viele Herzliche Grüße an Euch alle und Dank für Blumeles und lieben Brief! Dein Troll"[54]

Claras Lebensende

Am 7. Februar 1962 stirbt Clara. Sie wird unter großer Anteilnahme der Mindelheimer Bevölkerung sehr feierlich auf dem dortigen Friedhof bestattet, wie Mater Veneranda, frühere Schulrektorin bei den Englischen Fräulein in Mindelheim (jetzt Congregatio Jesu) berichtet.

Ingrid Gress[55] war 1955 Clara Nordström bei einer Lesung in der Mädchen-Realschule der Englischen Fräulein in Augsburg begegnet. Sie war damals tief berührt von deren Erscheinung, vor allem von der Aura, die sie umgab. Jahrzehnte später bekam sie das Buch „Das Glanzlicht"[56] in die Hand, das von Clara Nordström handelt, und wollte mehr über den weiteren Lebensweg der Dichterin erfahren. So kam die Verbindung mit Mater Veneranda zustande, die mittlerweile verstorben ist. Sie wies sie auf das Stadtarchiv Mindelheim hin. Hier wurde Ingrid Gress fündig mit verschiedenen redaktionellen Beiträgen der örtlichen Presse und mit dem Text der Grabrede des schwäbischen Dichters Arthur Maximilian Miller.

---

53 Christine/Christel Häussler, älteste Tochter von Isabel.

54 Originalbrief im Vegesack Archiv Regen.

55 Ingrid Gress meldete sich 2020 nach Recherchen zu Clara Nordström telefonisch beim Förderverein Weißensteiner Burgkasten. Etwas später schickte sie Kopien verschiedener Berichte und Texte, auch der Grabrede, für das Vegesack Archiv und schilderte in einem beigelegten Brief ihre Begegnungen bei der Recherche. Ihr sei für alle Ergebnisse und die Abdruckerlaubnis herzlich gedankt.

56 Marianne Wintersteiner, Das Glanzlicht, Eugen Salzer Verlag, Heilbronn 1988.

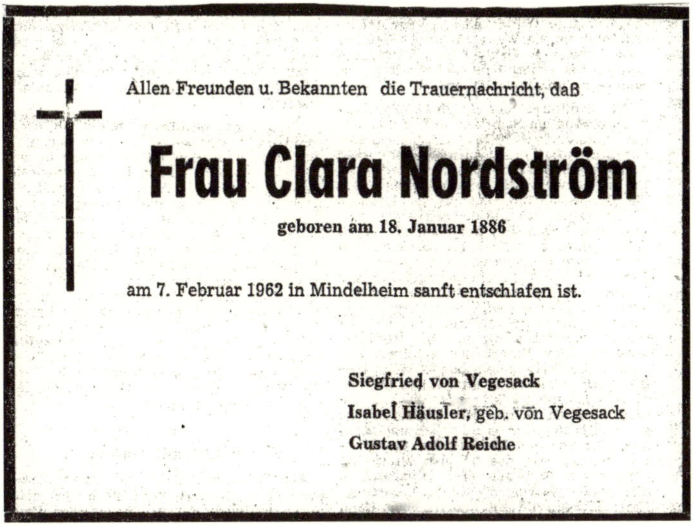

Allen Freunden u. Bekannten die Trauernachricht, daß

Frau Clara Nordström

geboren am 18. Januar 1886

am 7. Februar 1962 in Mindelheim sanft entschlafen ist.

Siegfried von Vegesack
Isabel Häusler, geb. von Vegesack
Gustav Adolf Reiche

Todesanzeige für Clara Nordström

Wie Ingrid Gress durch Einsicht von Archivmaterial im Mindelheimer Stadtarchiv herausfand, war Mater Veneranda im Auftrag ihrer Oberin, Mater Remualda, mit der Betreuung von Clara Nordström in deren letzten neun Lebensmonaten betraut. Mater Veneranda berichtete auch, dass Clara mit ihr gern im Wald spazieren ging, weil sie hier an die Wälder Schwedens erinnert wurde. Auch Mater Remualda war mit Clara Nordström befreundet und ermöglichte dieser den Umzug von Dießen am Ammersee ins Altenpflegeheim Mindelheim, wo sie zwei kleine Stübchen bewohnte und eine liebevolle Pflege erfuhr.

Auf den Tod war sie gut vorbereitet; sie war schon längere Zeit kränklich gewesen. Mater Veneranda berichtet auch von der eindrucksvollen Trauerrede, die der schwäbische Dichter Arthur Maximilian Miller am offenen Grab hielt. Er war mit Clara Nordström einige Male zusammengetroffen und hatte sich gedanklich und vor allem literarisch sehr rege mit ihr ausgetauscht.

Grabrede von Arthur Maximilian Miller (gekürzt)

„Clara Nordström. Ein Weg voll schwerer, bewegender Schicksale, von Småland bis in das schwäbische Mindelheim, ein Weg voll von Verlusten und Schicksalsschlägen – aber es war kein Zug von Bitterkeit in dieser Seele, kein Vorwurf gegen irgendwen.

Man trat bei ihr ein und es leuchtete einem eine Heiterkeit entgegen, als wäre dies alles nur ein Scherz gewesen. Und was hatte diese Frau gelitten! Aber sie hatte ihre Welt, ihre unendlich dichterische Welt.

Ihre Werke lesen sich so warm, so selbstverständlich, dem Herzen so begreiflich. Ihrer Seele war eine Fülle von Bildern und Gestalten geschenkt, die Gabe, alles Erlebte ein zweites Mal reicher, tiefer und wahrer zu erleben, alles das, was den Dichter ausmacht, aber die Schlichtheit und Eindeutigkeit der Gestalt entsprang aus der ihr eigenen Kindlichkeit. Es kam noch eins dazu, das Leben in beständiger Todesnähe. War sie doch von vornherein ein aufgegebenes Kind. Immerfort rechnete man mit ihrem Tod, und sie rechnete selbst damit. Erst ab dem Augenblick, wo das Kind begriff, was es heiße, sich nicht aufzugeben, hat es seine Schwäche siegreich überwunden und eine geheimnisvolle Wesenskraft entfaltet, die diesen zerbrechlichen, immer wieder versagenden Körper durch die Bedrohungen zweier Kriege und schwerer menschlicher Schicksale bis in das Alter von 76 Jahren hindurchtrug.

Ihren Seelenreichtum und ihre Herzenseinfalt hat sie uns hinterlassen, und wir wollen ihr tief und innig danken für ihr Werk und für ihr Leben."

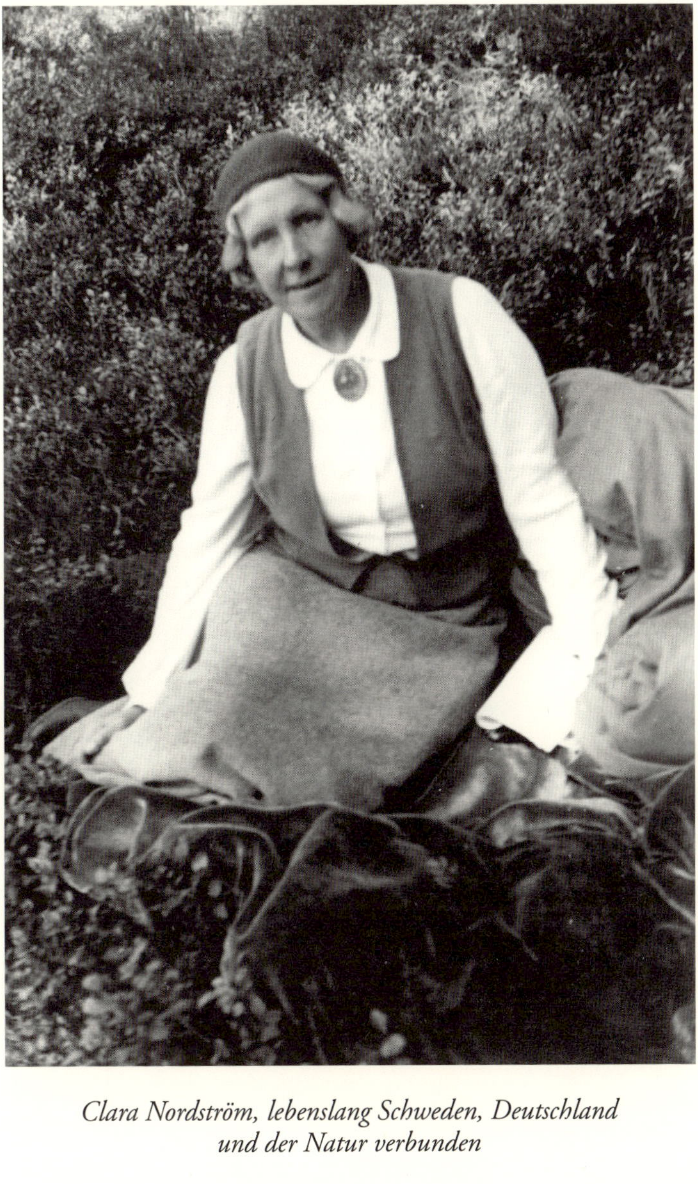

Clara Nordström, lebenslang Schweden, Deutschland und der Natur verbunden

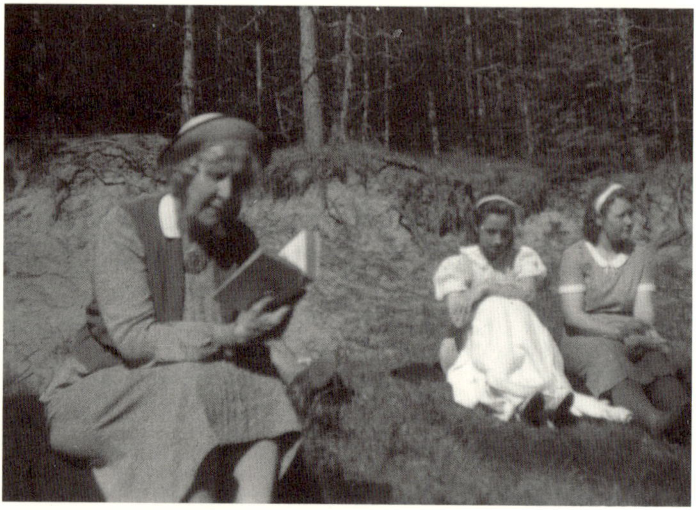

Gerne las Clara Nordström für Schülerinnen auch draußen in der Natur

Clara Nordström – die Schriftstellerin und ihr Werk

Clara, die nach dem gesundheitsbedingten Abbruch ihrer fotografischen Tätigkeit 1912 in ein tiefes Loch gefallen ist, wendet sich danach ganz der Schriftstellerei zu. Vater Nordström hat längst erkannt, dass seine Tochter im Schreiben ihre besondere Erfüllung findet, und will sie unterstützen. Zur damaligen Zeit wird er freilich nicht geahnt haben, dass sich Clara einst als Schriftstellerin ihren Lebensunterhalt verdienen muss. Clara ist 26 Jahre alt, als sie zuerst in Berlin, später in München ihre ersten literarischen Gehversuche macht, die aber bald schon Aufmerksamkeit erregen, nachdem sie sich stetig weiterentwickelt hat. In München findet sie in Siegfried von Vegesack einen wichtigen Mentor; beide Partner inspirieren sich beim Schreiben und Übersetzen ihrer Werke.

Viele ihrer Romane und Erzählungen sind stark an ihre eigene Biografie angelehnt, an das Leben ihrer Eltern, ihrer Vorfahren. Dabei betrachtet sie ihre nordische Heimat mit ihren tiefen Wäldern, den weitläufigen Heideflächen und den düsteren Mooren vielfach als Schauplätze, an denen sie ihre Romanfiguren auftreten lässt. Aber auch wunderbare Milieustudien zeichnen ihre Romane aus, wie die Beschreibung eines Krebsessens zeigt, das die Honoratioren der Stadt zelebrieren, in „Kajsa Lejondahl“: „Sie saßen in Hemdsärmeln rund um den großen Tisch und arbeiteten mit Zähnen und Krebsmessern, um Scheren und Schwänze der Tiere zu öffnen. Sodann wurde das zarte, rosaumhüllte Fleisch herausgehoben und verschlungen. Das salzige Dillwasser schlürften sie laut aus den roten Rückenpanzern und stocherten zuletzt mit dem spitzen Messer Rogen und Krebsbutter hervor.

Und da ein guterzogener, schwedischer Magen von Krebsen niemals satt wird, selbst nicht, wenn Mengen butterbestrichenen Knäckebrotes und Kornbranntwein dazu genossen werden, wurde dieser angenehme Zeitvertreib einen ganzen Tag fortgesetzt. Das Saugen, Beißen, Zergliedern ermüden aber auf die Dauer, und das viele Salzwasser, das über die Finger läuft, macht die Haut empfindlich und runzlig."[57]

Tomtelilla

In „Tomtelilla", ihrem Erstlingsroman von 1923, der in der schwedischen Kleinstadt Trosa spielt, beschreibt sie das kleinbürgerliche Leben in Trosa (hier Tomtelilla) augenzwinkernd und mit viel Humor. Trosa galt als schwedisches Schilda. Man fühlt sich förmlich versetzt in dieses schwedische Städtchen mit seinen roten, blauen und grünen Häusern, aus denen es nach Klippfisch, Milchreis und süßem schwedischen Punsch riecht. Es ist Weihnachtszeit, und der umtriebige Bürgermeister Ola Fors, von einer Reise nach Berlin, Kopenhagen und Stockholm zurückgekehrt, hält eine Ansprache an die Bürger seiner Stadt. So stellt er fest, dass hier in Tomtelilla nichts geschehe, nicht einmal eine Revolution erschüttere die Menschen, und diese Bedeutungslosigkeit müsse ein Ende haben. Jede Stadt habe einmal klein angefangen, bevor sie Macht und Bedeutung erlangt habe. Er denke an den Bau eines gewaltigen Turms, der den Ruhm der Stadt weit in die Welt hinaustrage. Ohne anstrengende Reisen in die weite Welt unternehmen zu müssen, um beispielsweise den Eiffelturm in Paris oder Wolkenkratzer in Amerika zu sehen, könne man nun Tomtelilla als besonderes Ziel ansteuern. Alle müssten sie zusammenhelfen, um ihren Beitrag zum Ruhme der Stadt zu erbringen. Die Städter sind

57 Clara Nordström, Kajsa Lejondahl, S. 91/92.

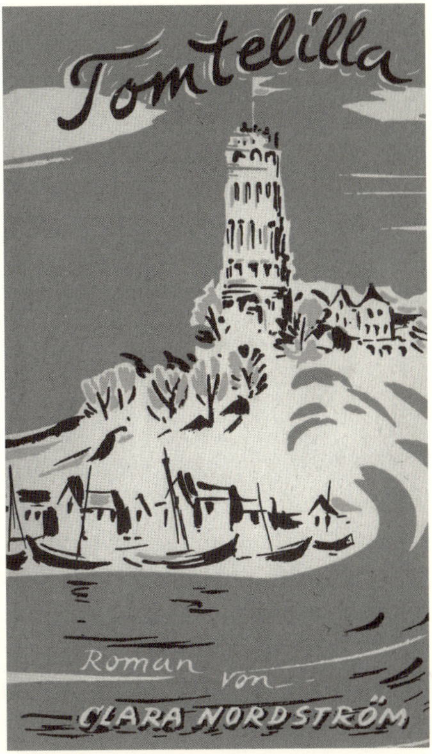

Buchtitel von „Tomtelilla“

gleich hochbegeistert, ein glückliches Schwindelgefühl hat alle ergriffen. Nun beginnt ein eifriges Schaffen und Wetteifern, wie es das in diesem Städtchen noch nicht gegeben hat; es werden sogar Turmaktien herausgegeben. Und so lässt Clara den findigen Sparkassendirektor Petterson und Pastor Sjo mit seiner Haushälterin Gunhild Hopp ebenso die Szenerie beleben wie Doktor Montelin mit seiner Frau. Dazu kommen der hinkende Krämer Pele Grind, die beiden rivalisierenden Schneider Linquist und Granquist sowie Konditor Brovik und der Bäckermeister Holm. Auch der Herrenhofbesitzer und Frauenfreund Göran Malm darf nicht fehlen, genauso wenig der Eisenwarenhändler Erik Lönnergren und eine rätselhafte Signora, deren Geheimnis erst zum Schluss gelüftet wird.

An wunderbaren Back- und Konditorerzeugnissen wird nun getüftelt, ebenso werden schwerste Weine, feinste Tees, Ingwer und Kaviar geordert. Für die Festkleidung der Stadtbevölkerung sind edelste Seiden- und Wollstoffe bestellt sowie Stahl, Silber und Porzellan für die vorgesehene Festtafel. Alle sind in Erwartung des großen Tags, wenn sogar der König zur Einweihung des Turms komme, Eifersüchteleien und Boshaftigkeiten bleiben nicht aus. Doch ein heftiges Unwetter durchkreuzt alle Hoffnungen der Städter, der Turm stürzt ein und lässt die Menschen ernüchtert zurück.

Clara hat in diesem Roman allzu Menschliches amüsant dargestellt und dabei den Bürgern Tomtelillas Namen von Bewohnern aus ihrer Heimatstadt Växjö gegeben. Nach der Erstveröffentlichung des Romans sind die Menschen ihrer Heimatstadt empört, weil sich die Autorin über sie lustig mache und sie als Narren darstelle. Die überörtliche Presse lobt dagegen das Werk in den höchsten Tönen und man sagt Clara eine große Schriftstellerzukunft voraus; bald ist auch der Unmut bei den Bewohnern von Växjö verpufft.

So schreibt Heinrich Mann: „Sie haben aber viel Talent, ich las Ihr Buch, eingenommen von der wirklichen Liebenswürdigkeit Ihrer Begabung.“[58] In seinem Schreiben rückt er Clara Nordström sogar in die Nähe von Selma Lagerlöf. Tomtelilla ist das Schwedischste des Schwedischen und uns dennoch so nah, als wäre es ein Stück Schilda. Die mit Cervantes' Augen erschauten Figuren entstammen dem Welttheater eines wahren Humoristen, urteilt das „Tagebuch“ Berlin.

„Ein Buch, das mich in allerhöchstem Grade interessiert hat, ist Tomtelilla. Hier ist eine neue Erfindung artistischer Intelligenz,

58 Heinrich-Mann-Zitat auf dem rückwärtigen Schutzumschlag zu Tomtelilla, Ausgabe 1953, wo auch die weiteren Zitate zu finden sind.

hier ist Stil und Kunst. Eine wirklich feine, satirisch-humoristische Beobachtung von den Typen im Kasperletheater der Welt, in dem wir alle strampeln, Kleinstädter, Landleute und Großstadtbewohner.“, meint der schwedische Dichter Greve Birger Morner in den Kritiken vom Buch-Umschlag zu Tomtelilla.

Der Titel des Romans ist nicht zufällig gewählt. Rings um den ähnlich klingenden Ort Tomelilla in Skåne sind Claras Vorfahren mütterlicherseits angesiedelt. In Trosa hat sie selbst kurz nach der Heirat mit Siegfried von Vegesack einige Zeit bei Verwandten gelebt.

Bengta, die Bäuerin aus Skåne

Ein absoluter Bestseller, der auch in andere Sprachen übersetzt wurde, war „Bengta, die Bäuerin aus Skåne“[59].

In diesem Roman hat Clara ihrer Mutter ein schönes Denkmal gesetzt, deren Vorfahren aus Skåne kamen, der Kornkammer Schwedens. Bengtas Vater war Großbauer und hoch angesehen in der weiten Umgebung; zudem war er Reichstagsabgeordneter, verstarb aber früh. Die Mutter wird als sehr nachgiebig beschrieben, die nach dem Tod ihres Mannes noch einmal heiratete. Rings um den Ort Tomelilla sind Bengtas Verwandte angesiedelt, die durchwegs Bauern waren. Claras Vorfahren väterlicherseits stammen ursprünglich aus Stockholm. Die Nordströms waren vornehmlich Buchbinder und Buchdrucker und wurden später in Malmö sesshaft. Der Vater des Doktors war Bürgermeister in dieser Stadt und hatte eine sehr feinsinnige, kunsthandwerklich begabte Frau an seiner Seite. Dieser ähnelte Clara sehr.

Im Roman wird die zur Wirtschafterin ausgebildete Mamsell Bengta Persdotter Brake zu einem vierwöchigen Arbeitseinsatz ins

---

59 Erstausgabe 1941, weitere Auflagen 1947/48/49 und F. H. Kerle Verlag, Heidelberg 1961.

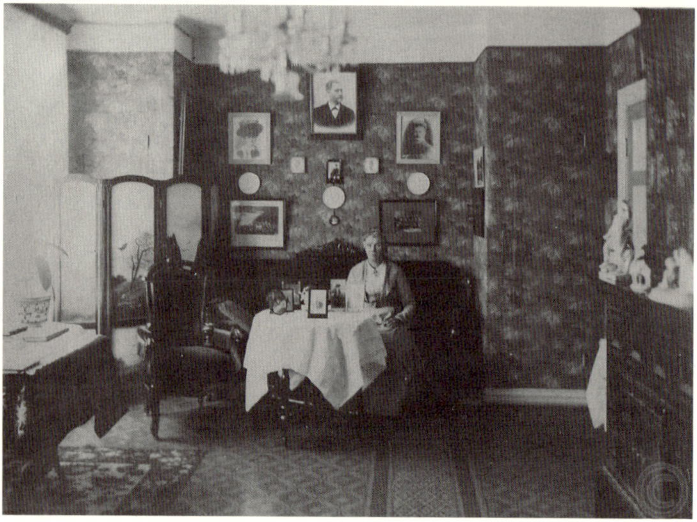

Die Witwe Bengta Nordström im Wohnhaus in der Kungsgatan in Växjo, Schweden

unwirtliche Småland geschickt, um auf dem heruntergekommenen Hof des Doktors Sven Grahne nach dem Rechten zu sehen; anstelle eines Gehalts ist es diesem vom Staat als Entschädigung für sein Dienste als Bezirksarzt überlassen worden. Sven Grahne ist unentwegt für die vielen Patienten unterwegs und lässt Bengta freie Hand beim Wirtschaften. Sie, eine mannsgroße Frau mit festen zupackenden Händen und herbem Charme, krempelt die Ärmel hoch; es gibt allzu viele Missstände, die behoben werden müssen. Das Gesinde, Knechte und Mägde, ist anfangs skeptisch und verhält sich trotzig gegenüber den Anordnungen der Wirtschafterin, denn Müßiggang und Faulheit werden von dieser nicht geduldet. Sie geht beispielhaft voran, und die Leser folgen ihr beim Reparieren von Mauerwerk, beim Weißeln und Streichen, ebenso beim Ausmisten, Reinigen und Kalken der Ställe, die nun auch sauber gebürstetes Vieh beherbergen. Tierwohl und Stallhygiene sind Bengta ein besonderes Anliegen; sie will dadurch der grassierenden Rinder-Tuberkulose begegnen. So wird Bengta schon bald zur Pionierin und Ratgeberin im Bereich der Landwirtschaft, die sich auch für besondere Anbaumethoden, selbst im kargen Småland, einsetzt. Längst sind die anfangs festgelegten vier Wochen auf unbestimmte Zeit verlängert, sie ist unentbehrlich geworden. Nun kommt die Mutter des Doktors, Frau Emerenzia Grahne, zu Besuch und ist von der tüchtigen Wirtschafterin sehr angetan. Beide Frauen verstehen sich auf Anhieb. Während die feinsinnige Dame fröhliche Lieder singt, die sie auf dem Spinett begleitet, oder auch Perlenstickereien ausführt, werkt Bengta am Webstuhl und webt Nützliches. Umso schmerzlicher empfindet es Bengta, dass Frau Grahne kurze Zeit später an Cholera erkrankt und verstirbt.

Des Doktors Wirtschafterin bringt selbst die gewieftesten Bauern zum Staunen, wie sie mit Kennerblick und Sachverstand auf dem Markt sowohl Vieh kauft als auch gewinnbringend verkauft, oder wie sie Gerste und Hafer gegen Saatgut tauscht. Bei der Heimfahrt von einem Marktbesuch, bei dem sie Ferkel und Geflügel geordert hat, gerät sie mit ihrem Pferdegespann in einen Schneesturm und ist in Lebensgefahr. Halb erfroren wird sie vom Doktor, der sie gesucht und unterwegs aufgelesen hat, daheim gesundgepflegt.

Im Text heißt es: „‚Hei, Brunte!‘, rief sie und schlug einen Knall mit der Peitsche. ‚Lauf, was du kannst!‘ Die Schneeflocken wirbelten und Brunte lief. Bengta konnte aber bald nur im Schritt fahren, denn die Dämmerung verwandelte sich in Dunkelheit. Sie hatte die Laterne angezündet, doch der Schnee klebte an den Gläsern fest. Die Bäume zu beiden Seiten färbten sich weiß. Der Wagen geriet mit dem einen Rad beinahe in einen Graben.

Allmählich sah sie vor wirbelnden Flocken fast nichts mehr. Sie musste absteigen und das Pferd an der Leine führen.

Der Schnee auf dem Weg lag unerwartet hoch. Bengta öffnete eine Schnalle ihrer Jacke und zog die kleine Uhr hervor, die sie von der Mutter geerbt und an einer schmalen Goldkette auf der

Brust trug. Sie hielt sie an die Laterne. Die Uhr wies auf halb sieben. In einer Stunde hätte sie zu Hause sein können. Zu Fuß würde sie mehr als zwei Stunden brauchen. Wenn es nur nicht mehr so lange schneien wollte. …

Brunte antwortete nicht, doch er stapfte voran, als wäre er nicht mehr ganz unzufrieden, da sie neben ihm ging. ‚Merkwürdig', sprach Bengta weiter, ‚dass man ein Unglück ahnen kann und doch mitten hineingeht. Seid ihr Tiere darin vielleicht klüger?' Wohl eine halbe Stunde schritten sie so vorwärts. Immer mehr Schnee wirbelte aus der Schwärze des Himmels auf sie herab. Nur durch die Bäume, die geisterhaft zu beiden Seiten emporragten, ließ sich erraten, wie der Weg sich weiter hinzog. Allmählich fielen aber die Flocken so dicht, dass Bengta, obwohl sie die Laterne in der Hand trug, die Bäume nicht mehr sah und in den Graben trat, aus dem sie sich dann herauszuarbeiten hatte. Von ihren vereisten Röcken stieg Kälte in alle Glieder auf. Das erhöhte noch die Müdigkeit. In dieser Gegend musste es schon länger geschneit haben. Auf dem Doktorhofe würde man deshalb wohl glauben, dass sie im Gasthof geblieben sei. Diesmal bedauerte Bengta, dass der Doktor ihr so sehr vertraute, denn wäre er ihr nicht sonst zu Hilfe gekommen? Oder war er vielleicht bei Kranken gewesen und auf der Heimfahrt eingeschneit, wie sie selbst? In der völligen Finsternis des Abends wurde ein Wind wach und trieb die Schneeflocken waagerecht vor sich hin. Ab und zu erschien der Mond und leuchtete kurz in den tief verschneiten Wald. Da blieb Brunte stehen. Er konnte nicht weiter. Bengta kehrte wieder den Schnee von seinem Rücken und von der Decke der Kleintiere. Doch neuer Schnee fiel sofort darauf. Sie holte ein Brett aus dem Wagen und versuchte damit einen Weg zu bahnen. Langsam ging das und schwer. Brunte folgte jetzt von selbst, Schritt für Schritt, als fürchte er, allein gelassen zu werden. ‚Wir geben es nicht auf, Brunte', versuchte Bengta ihn zu ermuntern. Aber sie musste vor Erschöpfung bald das Brett sinken lassen. Sie glaubte immer weniger an ihre eigenen

Worte. Wie sollte es ihr möglich werden, die letzte Strecke des Weges zurückzulegen? Ein ungekanntes Schwindelgefühl stieg auf, und es war, als breiteten sich Schatten über alles ordnende Denken in ihr. Mit einem Rest von Helligkeit sah sie noch einmal nach den Ferkeln und Hühnern und wälzte wieder von der obersten Decke die Schneelast herab. Es schneite jetzt viel weniger, und der Mond zeigte sich für einige Augenblicke. Der Hahn in seinem Käfig erwachte, entdeckte den Mond und fing an durchdringend zu krähen. Bengta ahnte, dass ein anderer diese Decke das nächste Mal abnehmen würde. Sie vermochte sich nur schwer aufrecht zu halten. Die Füße waren wie aus Eis, und auch die Hände fingen an, ungelenk und steif zu werden. Mühsam brachte sie es fertig, das Pferd vom Wagen zu trennen. Wie im Halbschlaf führte sie es hin und zurück, hin und zurück, die kurze Strecke, die sie gebahnt hatte. Allmählich wusste sie nicht sicher, ob sie es wirklich tat, oder ob sie es nur träumte."[60]

Es ist ein Glücksfall, dass der Doktor die Suche nach seiner Verwalterin aufnimmt, obwohl alle anderen angenommen haben, dass Bengta angesichts des herannahenden Schneesturms unterwegs in einem Gästehaus übernachtet. Der Doktor findet sie und bringt sie nach Hause. So kann sie nach ihrer Rettung und Genesung dem Gut weiterhin tatkräftig vorstehen.

Der stattliche Knecht Niklas genauso wie der Händler Asp werben um die Gunst Bengtas. Auch der betagte Baron Waldemar Falkenhagen möchte Bengta zur Frau gewinnen. Jetzt erst öffnet sich der zurückhaltende Sven Grahne und bekennt, dass er die gleiche Absicht habe. Bengta entscheidet sich für ihn. Als seine Frau stärkt sie dem Doktor den Rücken, kutschiert ihn in die abgelegenen Ortschaften, assistiert ihm bei kleineren Eingriffen, hilft selbst bei seiner Abwesenheit beim Zahnreißen oder beim Verbinden von Wunden. Drei Kinder werden geboren, Sohn Nils stirbt an Diphterie, was sie schwer trifft. Die Jüngste, Lis-Ing-

60 Clara Nordström, Bengta, S. 58ff.

rid, entwickelt sich zum Sorgenkind, weil sie ständig kränkelt und sehr spät zu laufen beginnt. Bengta hat neben ihren vielen Pflichten nur wenig Zeit für die Kinder, die sie aber zärtlich liebt. Die Doktorin, wie sie genannt wird, genießt hohes Ansehen bei der Bevölkerung, von wenigen Missgünstigen abgesehen. Bengta erleidet beim Einbringen der Ernte eine Fehlgeburt und ringt wochenlang mit dem Tod. Auch viele andere Sorgen und Nöte sind in Bengtas Lebenslauf zu finden. Der spätere Umzug vom Land in die Stadt heißt für sie und ihre Familie von vielen liebgewonnenen Menschen Abschied zu nehmen. Für das Gesinde hat sie gewissenhaft vorgesorgt. Letztlich steht sie Sven Grahne, ihrem Mann, bis zu dessen Tod treu zur Seite; sie hat ihm das Versprechen gegeben, in seinem Sinne weiter zu wirken.

Die Letzte der Svenske

Ein Vorfahre von Clara aus der Nordström-Linie war einst als Fischer im Mälarsee[61] ertrunken, was sie vermutlich zu dieser 1952 entstandenen Erzählung angeregt hat.

Die Protagonistin der Erzählung „Die Letzte der Svenske“ ist die Fischerstochter Oda, die nach dem Seemannstod von Vater und Bruder nun als Fischerin für sich und den Unterhalt der kranken Mutter Göta sorgen muss. Ihr obliegt es außerdem, einem ungeschriebenen Gesetz der Vorfahren zu gehorchen, Gestrandeten und in Seenot geratenen Menschen zu helfen – selbst unter Einsatz des eigenen Lebens. Nur Männern ist dieses Gebot bisher auferlegt worden. Der noch in der Ferne weilende Bruder Storbjörn kann es jedoch derzeit nicht erfüllen. Beim Netzeflicken auf den Klippen lernt sie den jungen Erik Holgerson kennen, der als Hausierer über die Lande zieht. Sie verliebt sich

61 Mälaren, deutsch der Mälarsee, ist der drittgrößte See Schwedens, ein beliebtes Erholungsgebiet östlich von Stockholm.

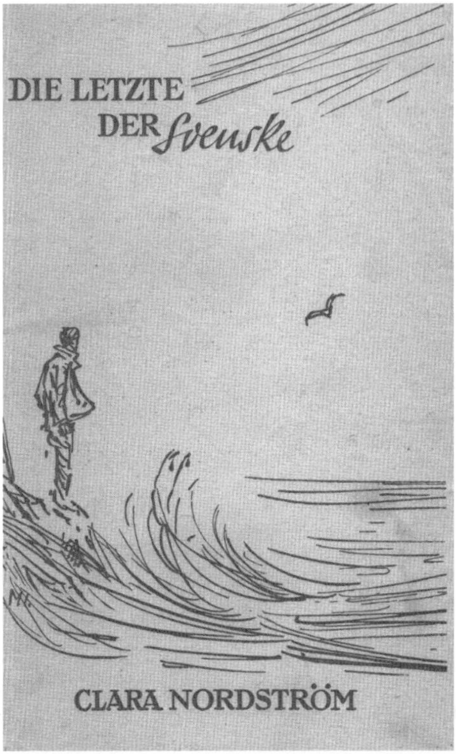

Buchtitel von „Die Letzte der Svenske"

in ihn beim Mittsommertanz, bei dem sie zum ersten Mal die Tracht der Mutter trägt. Zurück im einsamen Fischerhäuschen auf den Klippen in Bohuslän[62] am Skagerrak denkt sie Tag und Nacht nur noch an Erik. Diesem ergeht es ebenso; er besucht sie des Öfteren und erfreut sie mit kleinen Geschenken, so auch mit bunten Bändern, die sie ins blonde Haar flicht. Nach einiger Zeit beschließen beide, zusammenzubleiben und zu heiraten. Obwohl Mutter Göta Erik ebenso ins Herz geschlossen hat,

62 Die Küstenregion von Bohuslän verläuft von Göteborg bis nach Strömstad im Norden, zur norwegischen Grenze. Schären und Felsen wechseln sich ab mit bunten Badeorten und kleinen Küstenstädten.

zögert sie mit ihrer Zustimmung zur Hochzeit; sie möchte noch die sehnsüchtig erhoffte Rückkehr des Sohnes Storbjörn abwarten. Hat die Mutter erkannt, dass Erik zwar sehr geradlinig, fleißig und tüchtig ist, letztendlich aber seine Bewährungsprobe als opferbereiter und pflichtgetreuer Seemann noch nicht bewiesen hat? Ob er als Händlersohn für die Arbeit eines Fischers dauerhaft geeignet ist? Nun ist ein Sturm im Anzug und die See ist aufgewühlt und lässt nichts Gutes erahnen. Ein Schiff ist in Seenot geraten und die Hilfeschreie von Menschen dringen ans Ufer. Oda kommt in Gewissensnöte. Während ihr Bräutigam Erik der Meinung ist, man müsse Hilfe aus dem eine Wegstunde entfernten Nachbardorf holen, allein könne man das nicht schaffen und Gott würde den in Not geratenen Menschen schon beistehen, besinnt sich Oda auf den Familiengrundsatz. Niemals hatten die Svenskes im Falle der Rettung Schiffbrüchiger andere zu Hilfe geholt, sondern sich allein auf die See hinausgewagt. Während Erik forteilt, springt Oda beherzt ins Boot und rudert den Schiffbrüchigen entgegen. Unter Aufbietung aller Kräfte gelingt es ihr auch, die vielen Hilfesuchenden zu retten und sie ans Ufer zu bringen. Noch einmal rudert sie hinaus, nachdem Menschen zurückgeblieben sind. Ihre Kräfte sind mittlerweile erlahmt und sie schafft es wie durch ein Wunder, sich noch einmal mit dem Boot gegen die haushohen Fluten zu stemmen und die noch Verbliebenen zu holen, um sie den Helfern an Land zu übergeben. Sie selbst wird von einer riesigen Welle ins Meer zurückgeschleudert und findet dort den Tod; die Letzte der Svenske ist nun gegangen, nachdem man Mutter Göta auch tot im Bett gefunden hat und der Bruder Storbjörn niemals heimgekehrt ist. Clara Nordström hat mit dieser eindrucksvollen Erzählung ein Hohelied auf Familienehre, Pflichttreue und Opferbereitschaft gesungen.

Zu Beginn erläutert die Dichterin, dass Svenske eigentlich „Schwede“ bedeutet. Wenn ein Schiff unterging, haben die Fremden in ihrer Not wohl ihren Retter so gerufen; allmählich wurde allen Sippenmitgliedern dieser Name gegeben. In den Spinnstuben der Gegend erzählten sich die Frauen, dass die Svenskes Nachkommen wilder Seeräuber seien, die Sühne leisten müssten für ihre Untaten. So sollten alle Svenskes im Meer sterben. Die Verbannung müsse so lange dauern, bis sich eine Unschuldige dieses Geschlechts selbst für Fremde opfert. Oda hat in ihrer Pflichttreue nun das Familiengesetz letztendlich erfüllt.

Den Namen Oda hatte der Vater ihr gegeben, der einst auf einer Deutschlandreise von der Figur der Uta von Naumburg tief beeindruckt war. Die Verehrung der Uta von Naumburg erreichte später im Dritten Reich einen Höhepunkt wegen ihrer Tapferkeit und weil man sie zum vermeintlichen Ausdruck reiner deutscher Gesinnung und typischen weiblichen Wesens stilisierte. „Oda Svenske" hieß auch die ursprüngliche Ausgabe dieser Erzählung.

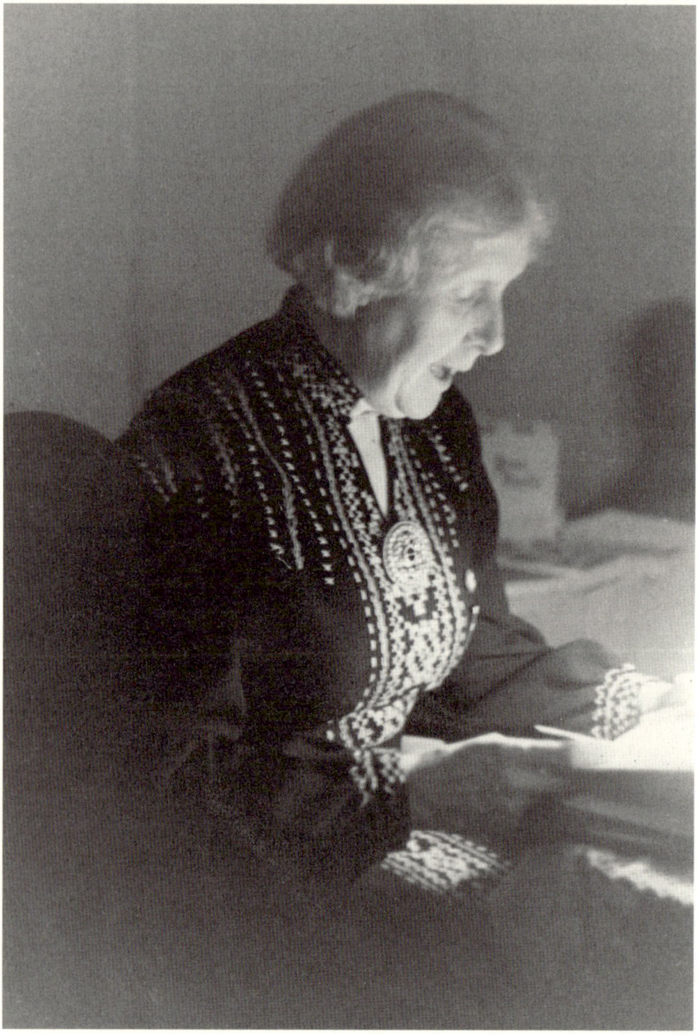

Clara Nordström in schwedischer Tracht

Clara Nordström – die Dichterin

Ein Atemzug
Siegfried von Vegesack

Was ist dies Leben? Alles unser Sein?
Nur Schein
und Trug.
Was ist der Sinn?
Wer wird draus klug?

Gott atmet uns ins Dasein aus – und ist's genug,
dann atmet Er uns wieder ein.
All unser Sein
ist nur ein kurzer Atemzug:
Woher wir kommen – geh'n wir wieder ein.

Den Gedanken, dass unser Leben durch Gottes Aus- und Einatmen gegeben und genommen wird, schreibt Clara Nordström einmal ihrem Vater zu. Ob auch Vegesack ihn von ihm übernommen hat, ließ sich nicht klären. In dem folgenden Gedicht wendet sie sich deshalb direkt an Gott in der Erwartung, dass er ihr Verständnis gibt.

Frage an Gott

Sag, Gott, hat uns die Erde ausgeatmet
als Teile von ihr selbst, wie einst die Sonne
die Erde von sich weit ins Weltall warf?
So wie ein Kind dringt aus dem Mutterleibe
und sucht ein eigenes Leben zu vollenden,
das aber nie begann und niemals schließt.
Nun kreist die Erde liebend um die Sonne
wie nur ein Kind um seine Mutter kreist.
Schwingt diese Sonne sich um eine größre
und sie um dich, als kleiner Teil von dir?
Wirst du denn einmal, jenseits aller Zeiten
und Ewigkeiten, wieder Atem holen,
ganz tief und lange?
Strömt da alles Leben,
das von dir ausging, in dich selbst zurück?

In Baiersbronn[63]

Alle üppigen Gärten habe ich verschenkt
für deine herbe Schönheit, Baiersbronn.
Alle warmen Nächte am südlichen Strand
gäbe ich gern für dies karge Land,
für deine einsamen Wälder, Baiersbronn.
Dunkel und ernst deine Berge stehn,
leuchtende Sterne darüber gehn,
als wollte Gott selbst nach dem Rechten sehn,
auch in der Nacht, in Baiersbronn.

---

63 Handschriftlicher Titel: Mein Dorf im Schwarzwald. Handschrift endet: Auch in der Nacht. Getippter Titel: In Baiersbronn, am Ende als Schluss wiederholt.

Baiersbronn

Silberweiße Wolken ziehen
Über diesen vielen Wäldern,
Über Bergen, über Bächen,
Über breiten grünen Tälern.

Starkgebaute Bauern schreiten
Hinter Pflug und hinter Egge,
Und im Winter springen Burschen
Mit den Skiern von den Bergen.

Schwarzwald-Mädchen fröhlich singen,
Lächeln arglos dir entgegen.
Schwarzwalds arbeitsame Frauen
Gott und Schicksal tief vertrauen.

Baiersbronn, du Dorf der Dörfer,
Wo die sieben Bäche rauschen,
Heimat meiner reifen Jahre,
Baiersbronn, – ich grüße dich!

Die Tanne

So still wie eine Tanne will ich werden,
Die ohne Fragen immer höher strebt.
Und sterben will ich, wie die Rosen sterben,
Am Strauch, der sonnenfroh noch weiterlebt.
Was ist denn Tod? Sag, gibt die Rose
Ihr Leben müde an den Strauch zurück?
Nein, Neues quillt hervor im Sommerglück.
Gott und das Leben alles überdauern
Und Heimkehr ist, was wir als Tod betrauern.
Der Tropfen in das weite Meer versinkt.
Ein Mensch ins Licht verströmt, in Gott verklingt.[64]

64 Handschriftversion Zeile 7: strömt hervor. In Zeile 8 ist „und" im Handschrifttext gesperrt geschrieben.

Gedanken eines Fischers auf der Heimfahrt am Abend

Gut ist die Sonne, und gut ist der Flug der Möwen.
Gut sind die Wunder im silbernen, tiefen Meer.
Gott gibt die Sonne und Gott gibt den Flug der Möwen,
Gott gibt das silberne Meer und Gott gibt die Wunder darin.
Flieg, kleines Segel, heim über blaues Wasser,
Rote Häuser stehen am Ufer still!
Stürme kommen und Regen und Nacht und Nebel,
Doch sie weichen alle, wenn Gott es will!

An Gott, der in mir lebt

Komm, wir wollen wandern Hand in Hand.
Du mich führst und ich mich lasse führen.
Deine große Liebe darf ich spüren,
Während wir so wandern durch das Land.

Tief in deinen Willen geh ich ein.
Alles, was du hast, willst du mir geben.
Und du willst, dass aller Menschen Leben
Werde wie am Anfang, stark und rein.

Es ist nur der Tod, der sterben wird.
Furcht hört auf zu sein und Trauer schwindet,
Wenn der Mensch aus Liebe überwindet,
Und mit dir die neue Welt gebiert.

Als die dunkle Wolke wich

Gott, o nimm von Neuem meine Hand!
Deine Weisheit soll mich weiterführen,
Alles Glück der Gnade darf ich spüren,
Während wir so wandern durch das Land.

Rings um mich liegt Deiner Liebe Schein.
Alles, was Du hast, willst Du mir geben,
Und Du willst, dass jedes Menschen Leben
Werde wie am Anfang, hell und rein.

Es ist nur der Tod, der sterben wird.
Furcht hört auf zu sein und Trauer schwindet,
Wenn der Mensch aus Liebe überwindet
Und mit Gott die neue Welt gebiert.

Gott im Menschenherzen

Du, der du Sterne lenkst
Und den Flug der Vögel,
Dem Krieger den Mut schenkst
Und dem tanzenden Mädchen die Freude,
Du, der du in mir lebst
Und im Brausen des Meeres,
Im Feuer der Sonne
Und im Samenkorn im Dunkel der Erde,
Du, –
Mache die Menschenherzen so hell,
Dass sie dich sehen![65]

(Spätere Fassung)

---

65 Eine handschriftliche Fassung heißt in den zwei letzten Zeilen: „Mache die Herzen der Menschen so hell, / Dass wir dich sehen."

Der unerkannte Gott

Dein sind Wiesen und Felder
Dein sind Wolken und Wind
Dein sind die großen Wälder
Dein ist mein kleines Kind.

Dein sind die guten Gedanken
Und der Sterne freundlicher Schein
Dein ist die höchste Liebe
Und die tiefste Treue ist Dein.

Dein sind Saat und Ernte
Dein sind Arbeit und Sieg
Dein sind Tod und Leben
Dein ist der Freiheitskrieg.

Mit den Wolken siehst du
Über das weite Land
Tief im Herzen wohnst du
Von uns unerkannt.[66]

66 In einem weiterem, getipptem Exemplar handschriftliche Änderung Ende 3. Strophe: „Und auch der Freiheitskrieg“.

Aus der Erzählung „Sternenreiter“

Der Einsiedler Gaute spricht:

O Vater aller Welten,
Dich lieb ich wie ein Sohn.
Du hast in meinem Herzen
Dein Reich und Deinen Thron.
Dein Ruf tönt noch viel leiser
Als ein jung Vöglein singt,
Und ist doch auch der Donner,
Der aus den Wolken dringt.
Seit Anbeginn der Erden
Sehnt alles sich nach Dir,
Und aus der Stille redet
Dein Schöpferwort zu mir.
Was Du auch von mir forderst
Will ich im selben Nu.
Du bist mein waches Ich, mein Gott,
Und ich Dein schlafend Du.

Abschied vom Tode

Still sitzt er in der Nacht mir gegenüber.
Nur seine Augen fragen: Hast du Angst?
Nein, sage ich, mein Freund, ich fürchte niemand.
Gott ist ja in mir, um mich, über, unter mir.
Da gibt es keinen Tod, nur starkes Leben,
Da gibt es keine Trennung, keine Furcht.
Mich triffst du nicht, ich bin von Gott umschlossen.
Ich habe mich durch ihn, in ihn ergossen.

Stumm steht er auf. Hier ist er überflüssig,
Und viele harren seiner anderswo.
Die Sonne kommt. In ihrem ersten Schimmer
Nickt er mir zu und geht. D e r Abschied ist für immer.

Ein Blick aus dem Zuge

Silberweiden stehn am Ufer,
Und das Wasser eilt zum Meere.
Gelbe Birkenblätter flattern
In Oktober-Mittagssonne.

Kleine unscheinbare Bäume
Tragen schwere rote Äpfel.
Unter wolkenlosem Himmel
Ragen ringsum bunte Wälder.

Bald in tiefem Winterdunkel
Liegen Fluss und Wald und Hügel.
Doch es leuchtet weiter Gottes
Sonne, die im Menschen wohnt.[67]

---

67 Dieses Gedicht findet sich in Clara Nordströms Vers-Manuskripten auch unter dem Titel „Herbst“.

In der Nacht 11.–12. Mai 1935[68]

Vater!

Vater!
Die Menschen sagen jetzt, Du seist tot?
Ich weiß: Du lebst!
und rufst mir aus dem Dunkel
und noch viel mehr aus allem Lichte zu:
Ich lebe ja! Fühlst du es nicht, ich lebe!
Ich bin ja da, und kann Dich nie verlassen!
Sprich nur zu mir, so wirst Du meine Stimme
bald wieder hören!
Tief in deinem Herzen wird sie Dir
ganz so wie einst entgegenklingen:
Sei froh!
Wir sind ja eins! Und Gott ist eins mit uns!
Und Gott und Du und ich, wir sprechen zueinander
und keiner lässt den anderen allein!
Jetzt weiß ich alles, was Dein Herz bewegt!
Die Herzen sind von Neuem eins geworden,
so wie sie es einmal gewesen sind
und so bin ich zurückgekehrt in Gott
und Gott ist in Dir, Kind!
Im Klang der Glocken
und in all dem anderen!
Komm!
Lass uns wieder heiter weiterwandern.

---

68 Mit dieser Datierung ist das Gedicht im Vegesack-Archiv zu finden in einem Brief von zwei Schwestern aus Korntal, denen Clara Nordström anlässlich des Todes ihres Vaters das Gedicht aufschrieb, das sie ursprünglich zum Tod ihres eigenen Vaters am 2. Februar 1913 verfasst hatte. Auf ihre Bitte hin schrieben es die Schwestern für sie ab, wie aus dem Brief hervorgeht. Vgl. in diesem Band unter „Briefe“, S. 94f.

An meine Söhne

Wenn ich tief in der Erde schlafe,
So, wie im Winter die Erde schläft,
Werde ich noch die leuchtenden Bilder
Sehn, die wir einst zusammen sahen.

Singt ihr dann einige frohe Lieder
Werde ich unten sie alle hören.
Denkt ihr viele tapfere Gedanken
Werde ich meinen, es komme der Frühling.

Nur wenn ihr treulos wäret und feige
Würde mein Leben ins Dunkel versinken,
Doch, das werdet ihr niemals sein.
Deshalb soll euch die Sonne grüßen,
Deshalb sollen die Blumen euch blühen,
Schirmend rauschen die weiten Wälder,
Und es wird Euch die starke Nordsee
Dröhnend rufen zum Kampf und S i e g![69]

69 Das Gedicht ist in 3 Varianten erhalten:
1. Letzte Zeile „S i e g“ gesperrt geschrieben und darunter „Heil Hitler!“
2. „Sieg“ nicht gesperrt, darunter „8. März 1940“.
3. „S i e g“ wieder gesperrt, darunter „Clara Nordström“.

Gotthard, mein Zwanzigjähriger

Leise trug die monderhellte Mainacht
Seinen lieben Namen in die Weite,
Wo der Tod den Hünen niederkämpfte.
Und ich wünschte, dass ich bei ihm liege
Und sein Herz mit meinem Herzblut fülle,
Bis es steige in das Licht des Tages,
Wie ein junger Schwan, der zukunftsgläubig
Seine starken, weißen Flügel breitet.
So ich träumte in der Maienmondnacht,
Und der Traum mein Herz verbrennen wollte,
Als ein Duft von feinen Sommerblumen
Aus dem Garten in mein Zimmer wehte,
Und umgeben von der Erde Atem
In dem klaren Mondlicht Gotthard stand.
Ja, ich sah ihn mit dem Blick des Herzens,
Spürte seine junge, frohe Nähe
Und den hellen Mut, der von ihm ausging.
Wieder durfte ich das Lächeln seiner
Lieben Augen sehen, und er sagte:

Lass das Trauern, Mutter, wir sind um euch,
Wir sind eins mit Göttes Schöpferliebe,
Die herniederbrausend Welten schuf, und
Weiterliebend alles Leben schenkt.

Meine Liebe

Ich küsse nachts im Traume
tausendmal dein Gesicht.
Doch kommt der graue Morgen,
zerrinnt mir's im Dämmerlicht.

Dann möchte ich am liebsten wandern
weit – bis ans Ende der Welt,
und weiß doch, dass meine Liebe
dich immer umfangen hält.

GERRIT OSS – Danzig 1942
Ruth Zittlau[70]

70 Was diese beiden Namen unter dem handschriftlichen Gedicht bedeuten, konnte nicht geklärt werden. Ruth Zittlau war eine deutsche Schriftstellerin, die neben Büchern auch Gedichte schrieb. Im Dritten Reich wurden sie unter anderem im „Jahrbuch der deutschen Mädel" publiziert.

Und alle dürfen hören …

In eurem Himmel bin ich schon gewesen,
Und schritt einmal mit dir, Gautama Buddha
Von Stern zu Stern, bis an das große Nichts,
Wo du zu Hause angekommen warst.
Doch ich, als Fremde weiterwandern musste,
Durch Leid und Not und tiefste Einsamkeit.

In Nacht und Dornen ich zusammenbrach.
Mein Blut aus vielen Wunden niedertropfte,
Zur Erde, die ich gern verlassen hätte.
Da war es mir, als streckte sie die Arme,
Wie eine treue Mutter mir entgegen,
Die ihrem Kinde Hilfe bringen möchte.

Und diese Mutter liebe ich seitdem,
Und will mit ihr gemeinsam Leben schenken.
Die Sonne leuchtet, neue Kräfte wachsen.
Gott spricht durch seine Erde,
Und alle dürfen hören, was er sagt.

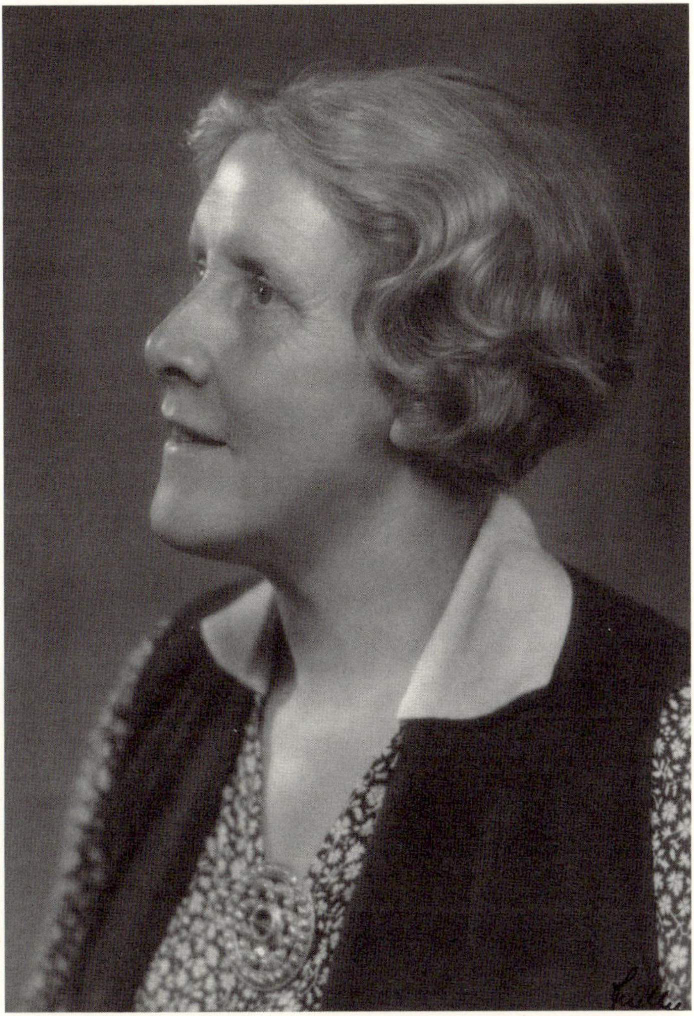

Clara Nordström, Autorenfoto

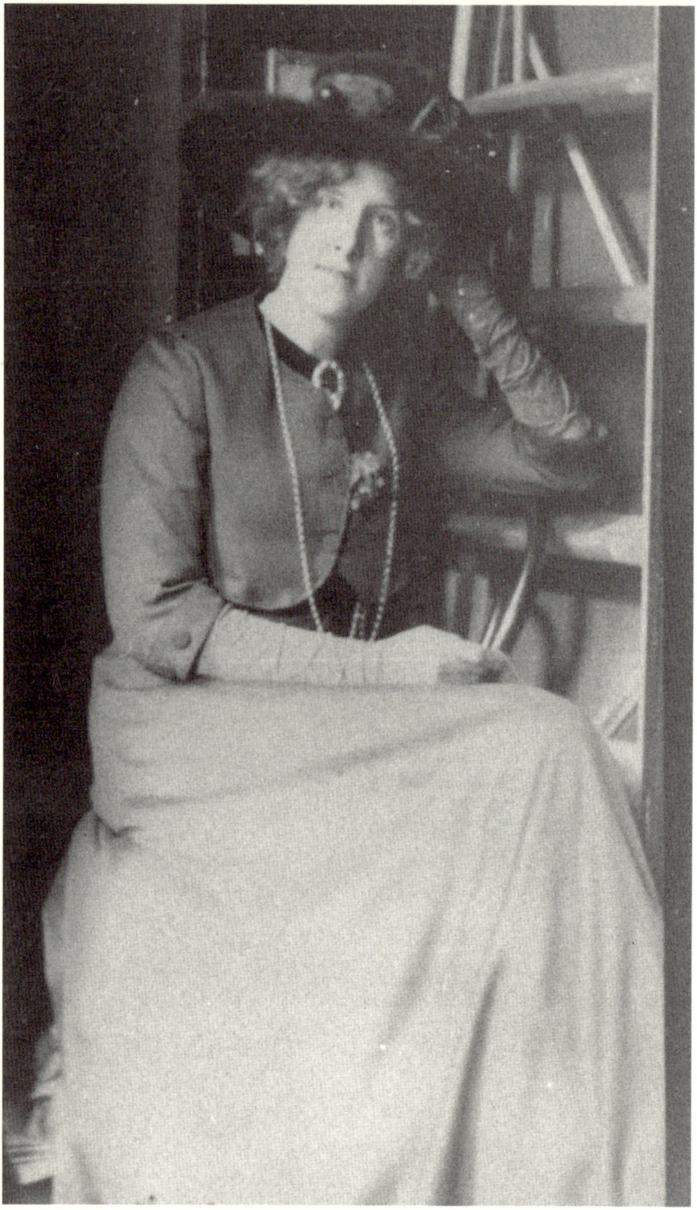

Clara Nordström

Anhang I: Briefe

Brief von Frau von Hafenbrädl aus Großwalding an Clara Nordström nach Weißenstein am 29.12.1920

Sehr verehrte liebe gnädige Frau!

Ihr liebs Brieferl hat uns sehr gefreut und erwidern wir Ihre Glückwünsche recht von Herzen, alles, alles Gute für das neue Jahr, vor allem gute Gesundheit und recht frohe Erlebnisse und viele Kräfte alldem nachkommen zu können, was Sie alles im Sinne führen, Sie und Ihr Herr Gemahl, dem wir auch recht Gutes wünschen! Ihr lieber Besuch hat uns auch schöne Stunden gebracht, nur allzu schnell verflogen sie. Hoffentlich führt Sie unser gutes Geschick wieder einmal in unsere Nähe und Sie finden für uns dann ein paar Stunden, denn ich hoffe, wir bleiben auch im neuen Jahr die alten guten Freunde. Dass die Salbe Wunder gewirkt, habe ich vorausgesehen, nicht aber dass der Saft für junge Menschen gefährlich werden könnte, wenn er verschwindet an der guten Dado, an die ich noch oft denke. Herzlich mussten wir lachen über die Zumutungen der …inhaberinnen[71]. Hat die Doctorsalbe Ihnen geholfen?

Und nun recht herzlichen Dank für die herzigen Bilder Ihres reizenden Mädels, sie erfreuen mich sehr, man sieht ihr ihre Intelligenz schon an und wird nun viel Unterhaltung bieten, schade, dass sie den Weg nach Deggendorf nicht finden konnte. Das Bild resp. beide Bilder könnte man immerfort ansehen; vielen, vielen Dank!

71 Unleserlich.

Nun werden Sie wohl auch keinen Schnee mehr haben, Regen muss auf einer heißen Quelle liegen, weil am allerersten der Schnee in Regen schmilzt und hat uns schon ein paar Mal arge Verlegenheit geboten, indem wir auf unserer Schlittenheimfahrt vom bayr. Wald mit dem Schlitten kaum mehr durchkamen. Schade um die herrliche Bahn. Auch müssen wir wohl einstweilen auf den Skibesuch Ihres Herrn Gemahls verzichten, bis wieder Schnee fällt! Schade!

Dass Frau von Vegesack wieder unwohl waren, bedaure ich sehr, doch ihr liebes Brieferl bewies uns, dass es wieder besser geht. Ob Sie wohl das Mädchen, das Sie in Deggendorf in Aussicht genommen, bekommen? Hat das eine Mädchen schon eine Stelle? Major Lorchs sind leider schon versehen, d.h. mit ihrem Mädchen zufrieden! Doch nun nochmals ein recht glückliches neues Jahr der ganzen lieben Familie von Vegesack von den Bewohnern Großwaldings und viele der herzlichsten Grüße.

Stets
Ihre alten Hafenbrädls.

Brief von Clara Nordström an ihre enge Freundin, die Münchner Malerin Trissy Kalkschmidt am 09.07.1928

Erholungsheim Burg Weissenstein
Clara von Vegesack-Nordström
Post Regen Bayer. Wald
Fernruf: Regen 57
9. VII. 28.

Liebste Trissy. Soeben kam die vorwurfsvolle Karte. Inzwischen wirst Du wohl meinen langen Brief bekommen haben, der vor einigen Tagen nach Hiddensee fuhr. Liebste, Du darfst von mir keine Plauderbriefe erwarten, ich bin bis in die Nacht hinein von Arbeit überhäuft und komme nicht eine Stunde zu meiner Übersetzung. Wenn ich dann noch Vorwürfe bekomme, dass ich nicht Briefe schreibe, werde ich etwas verdrießlich. Man kann sehr liebevoll an einen Menschen denken, an den man nicht schreiben kann. Dass Frau Tiegler von mir hörte, war sehr begreiflich, ich fiel ihr immer wieder mit allerlei Bitten um Hilfe ins Haus. Wenn ich Dir irgendwie nützen kann, wirst Du mich stets bereit finden, Trissylein, aber schreiben, wie ich gern möchte, kann ich nicht, es ist gar nicht menschenmöglich. Heute hätte ich Dir aber in jedem Fall geschrieben, weil ich hoffe Dir jetzt eine Kleinigkeit an Verdienst zuführen zu können.

Ich war gestern wegen eines Dienstmädchens in Deggendorf und bei unseren rührenden Bekannten, Dr. med. Holz. Da möchte die kleine Frau sich portraitieren lassen. Ich schlug Dich vor und rühmte Dich sehr. Sie baten, dass Du vielleicht als eingeschriebene Drucksache oder Paket die Fotos von Deinen Portraits gleich sendest (es ist nämlich gegenwärtig ein anderer Maler in der Nähe, der sich um den Auftrag bewirbt). Sie schicken sie dann eingeschrieben zurück. Die Adresse ist: Frau Dr. med. Holz, Deggendorf, Am Stadtplatz. Sie möchten auch Deinen Preis wissen für Ölbild und für Pastellbild. Evtl. blonde Mutter mit sehr liebem Buben von drei Jahren. Auch möchten sie wissen, wo sie in München Bilder von Dir sehen könnten. Schreib ja selbst an sie! Und vielleicht würdest Du bei ihnen wohnen wollen während des Malens. Es sind Kulturmenschen, reizend freundlich, sie verwöhnen einen sehr. Und Deggendorf ist ja entzückend.

Bertha ist fort, wegen Streit mit Dorfleuten. Frau Tiegler suchte vorher Hausdame. Eine kam, konnte nicht rechnen. (Diese war aber nicht von Frau Tiegler ausgesucht.) Ich behielt sie da, weil sie mir leid tat, doch Fräulein Perscheid auch. Am nächsten Tag musste Bertha fort. Da blieb die Neue da, und kocht glänzend. Ich habe das Haus voll und wahnsinnig viel zu tun. Siegfried ist bei Illings in Chemnitz gewesen zur Unterhaltung und ist jetzt in Prag. Willy Seidel kommt nun auch.

Alles Liebe und Schöne!

Dich umarmt Deine Clara

In Gotthards Handschrift darunter:
Viele Grüsse! Ich schicke Dir Erdbeeren und Schwarzbeeren und Kuss! Buberl

Brief in der Nacht 11.–12. Mai 1935 von den Schwestern Schönleber aus Korntal[72]

Liebe Frau Nordström, zwar ist es mir noch etwas fremd, Sie so anzureden – aber ich werde mich schon daran gewöhnen – also, gern erfüllte ich Ihren Wunsch um Abschrift der so warm und tief empfundenen Zeilen damals beim Heimgang unseres lieben Vaters. Wir heben sie immer auf bei den liebsten, wertvollsten Erinnerungen an seinen Tod, in einem eigens dafür gewidmeten Büchlein, mit schwarzem Samt bezogen, ich hatte es sofort bei der Hand. Die Worte sind wie aus einer Verklärung eingegeben u. haben uns damals schon stark bewegt.

Dass Sie den Leipziger Bahnhof immer wieder so bewundern, würde ihn sehr erfreuen, wiewol (sic) er ja immer so bescheiden war und sich seiner Arbeit nie rühmte. Nun muss ich wohl einen Irrtum aufklären, liebe Frau Nordström, nicht der Hallenhochbau ist sein Entwurf, nur der Grundriss für dieselbe, und dann, was dem Laien nicht so eingehend ist, die ganzen Gleisauflagen, das riesige Eisenbahnnetz, das dann in dieser Halle zusammenläuft und einmündet, und worauf der Riesenverkehr abläuft. Er war allerdings auch Mitglied der Jury, die den heute stehenden Hallenbau der Architekturfirma Lossow und Kühne, Dresden, prämierte, und den Sie so sehr als Wunder empfinden, aber in jedem Fall ist der Name meines lb. Vaters eng mit dem Leipziger Bahnhof verbunden und darum ja auch der Dr. ing. h.c. Doch noch kurz zu anderem: Dass wir Sie kürzlich in Stuttgart nicht hören konnten, hat uns sehr geschmerzt, meine Schwester und

72 Vgl. Gedicht auf S. 84 von Clara, das die Schwestern abschrieben.

Reike[73] waren tags zuvor abgereist, und ich muss gestehen, dass ich wegen der Fliegeralarm-Gefahr abends nicht mehr in St. sein möchte, ich müsste riskieren, in einen Luftschutzraum kommandiert zu werden, wo ich Erkältungen ausgesetzt wäre – und davor muss ich mich doch noch sehr hüten. Aber sonst geht es mir gut bei viel Arbeit im Haus; heut nachm. sprach Herr Hahn sehr gut bei unserer Gefallenen-Gedächtnisfeier. – Wie schön war der Sommernachmittag bei Ihnen! Gott schütze Ihre beiden jungen Krieger![74]

Sie, liebe Frau Nordström, seien herzlichst gegrüßt von Ihrem Korntaler Schwesternpaar H. u. E. Schönleber.

Brief von Clara an Trissy Kalkschmidt am 1. Januar 1938[75]

Weissenstein
Post Regen
Bayr. Wald
Jan. 38

Liebste Trissy!

Innigen Dank! Tief gerührt hat mich dein Gedenken! Und viel mehr als ich zeigte bewegte es mich Dich wiederzusehen. Ich bin entsetzlich treu in meinem Herzen. Was einst war, das ist noch. Genau wie einst stehe ich zu Dir, liebe Trissy! Nur macht das Karussell meines Lebens es mir zu einer Unmöglichkeit etwas Privates zu unternehmen.

---

73 Unleserlich.

74 Gemeint sind Gustav Adolf Reiche (1906–?), ihr Sohn aus der ersten Ehe, und Gotthard von Vegesack (1923–1944).

75 Quelle: Das Original wurde dem Vegesack Archiv Regen von Ingrun Schwarz-Kalkschmidt, einer Enkelin von Trissy Kalkschmidt, zur Verfügung gestellt. Wir bedanken uns für die Erlaubnis der Veröffentlichung.

Tag und Nacht schaffe ich am neuen Buch. Sofort es im März fertig ist, folgen neue Vortragsreisen. Für die Frauenschaft in Magdeburg-Anhalt allein (in 1938) 45 Vorträge. Im Frühling in Württemberg. Dazu Vorlesungen für die Nordische Gesellschaft. Im Sommer werde ich vielleicht nach Schweden müssen wegen eines neuen Buches. Nie ist eine Pause. Ich gehöre mir nicht mehr. Doch es ist gut so! Es waren wahnsinnig schwere Jahre, die letzten. Lange Jahre lag ich krank, mit völlig ungenügender Pflege. Liegend schrieb ich aber Buch auf Buch. Jetzt bin ich endlich kerngesund. Mittags eine Stunde laufe ich Ski mit meinem kleinen Gotthard. Durch die tiefverschneiten Wälder laufen wir.

Viel, viel Glück soll das neue Jahr Dir bringen, liebe Trissy! Und mir vielleicht doch ein Wiedersehen!

Dich grüsst so herzlich und dankt Dir sehr für das Bild
Deine Clara.

Wie sehr gern würde ich alle Deine Arbeiten sehen! Wie schön es war Dich einst in der Nähe zu haben!

Auszug aus dem Brief von Siegfried an Clara am 09.11.1946[76]

Du bittest mich, dir zu sagen, wenn du irgendetwas Verkehrtes schreibst oder tust und dass du gern „zulernen" willst, und da kann ich dir nur den einen Rat geben, mehr Selbstkritik zu lernen und auch deiner eigenen Schuld nicht aus dem Weg zu gehen: denn es ist doch wirklich eine Selbsttäuschung, wenn du dir jetzt einreden willst, du hättest erst am 2. Ostertag 45 etwas Schlechtes erfahren und wärst bis dahin immer „ganz gutgläubig" gewesen! Denn was z.B. mit den Juden geschah, wusste jeder,

76 Marianne Hagengruber (Hrsg.), Siegfried von Vegesack, Briefe 1914–1971, Nr. 99, S. 289.

auch wenn man nicht über den Umfang der Bestialitäten orientiert war! Aber das, was jeder wusste, genügt, um das Gewissen eines jeden zu belasten, von dieser Schuld kannst du dich am wenigsten freisprechen, da du ja den ganzen Rassen-Wahnsinn mitgemacht hast! Dass du immer das Beste wolltest, bezweifle ich nicht, aber du hast dich eben geirrt, du hast deinen guten Namen in den Dienst von Verbrechern gestellt, und das musst du als deine Schuld erkennen, denn ohne diese Erkenntnis kannst du dich nicht von ihr befreien, denn dies ist der Sinn des „Ewigen Gerichtes"!

Brief von Siegfried an Clara am 12. November 1957[77]

Mein liebes Troll!
Gestern Abend habe ich dein „Leben" beendet und beim Lesen war mir oft, als zöge mein eigenes Leben – unser gemeinsames Leben hier im Turm – vorüber! ... Deine ersten Jahre in Deutschland, – München, Zell am See, Blumbergshof, Stockholm, Trosa, Berlin, der Turm, – all diese Stationen unseres gemeinsamen Lebens, bin ich nun wieder in Gedanken mit dir gewandert, und dir dafür dankbar, dass du die Kraft gehabt hast, ohne Bitterkeit und voll Liebe meiner zu gedenken, auch wenn ich es gar nicht verdient habe. Ich bin kein Heiliger gewesen... – und trage ohne Zweifel einen großen Teil der Schuld, dass unsere Ehe zerbrach. ...

Du hast ganz recht: die Entfremdung zwischen uns begann, als du dich unter Theklas[78] Einfluss der Anthroposophie zuwandtest.

---

77 Marianne Hagengruber (Hrsg.), Siegfried von Vegesack, Briefe 1914–1971, Nr. 156, S. 387.

78 Thekla von Dall'Armi war eine gute Freundin von Clara, die mit Mutter und Tochter in Zwiesel-Bärnzell wohnte. Das Haus wird noch jetzt manchmal Dall'Armi-Haus genannt. Durch Thekla lernte Clara die Anthroposophie kennen und wurde Mitglied der Christengemeinschaft.

Aber selbst in den Jahren 1930–32, als wir uns getrennt hatten und ich bei L in Lugano lebte, kam mir nie der Gedanke, dass wir uns jemals scheiden könnten. Auch ich hoffte damals noch, dass wir einmal wieder zueinander finden würden. Erst nach 1933, als du dich von der Anthroposophie dem Nationalsozialismus zuwandtest und dich mit gleicher Leidenschaft für Hitler und seine Rassenlehre begeistertest, wurde der Riss, der uns trennte, unüberbrückbar, sodass es zur Scheidung kommen musste: wir lebten in verschiedenen Welten."[79]

Brief von Isabel Lundén, geb. von Vegesack, an Heinz Wölfl, am 18.10.1987

Isabel Lundén, geb. von Vegesack, schickte diesen Brief an Heinz Wölfl, den Bürgermeister von Regen, als sie ihm aus Schweden im Oktober 1987 das Gästebuch ihrer Eltern, Clara und Siegfried von Vegesack, aus den ersten Jahren im Turm für das Museum zusandte. In diesem Brief schreibt sie einiges zu verschiedenen Einträgen.

Lieber Herr Bürgermeister!
Herzlichen Dank für Deinen Brief. Hier schicke ich Dir nun das Gästebuch. Ich wollte schon früher. Aber vor unserer Abfahrt nach China war mir zu viel um die Ohren, u. gestern kamen wir direkt von Hongkong zurück. Du müsstest mal so ne Reise machen, u. völlig mit zuhause abschalten. Habt ihr nicht Oma und Opa, die die Kinder übernehmen könnten, u. dann mit der Transsibirischen Eisenbahn? Es war ein großes Erlebnis. –

79 Anm. d. Hrsg.: Der Brief endet versöhnlich mit großer Dankbarkeit für die gemeinsame Zeit.

Ja, also nun das Gästebuch. Meine Kinder möchten nicht, dass ich es ganz weggebe. Aber können wir es nicht so machen, dass es einfach im Turm bleibt. Sie können es ja ruhig haben, aber dürfen es nicht wegnehmen? Jacke wie Hose. –

Drin steht auch von Christoph von Tucher. Er hatte wohl was mit dem Tucherbräu in Nürnberg od. wo zu tun. Seine Schwester war Thekla von d'Alarmi (sic) in Zwiesel, die Mam zur Anthroposophie brachte. Gustav Adolf von Schweden ist mein Bruder aus Mamas erster Ehe. Nachdem er das Abitur bestanden hatte, besuchte er uns. Vorher habe ich gar nicht gewusst, dass es ihn gibt. Salzers hatten die Donau Dampfschiff Gesellschaft in Regensburg. Sie kamen mal als Turmbesteiger auf die Ruine, u. vor einem Regen schnell zu uns. Wir kannten sie garnicht. Beim Vorbeigehen an der Küche riefen sie bloß „bitte Kaffe (sic) u. etwas Kuchen" u. gingen ins Wohnzimmer. Mama machte Kaffe und servierte dann u. setzte sich dazu. Sie hatten gedacht, dass es ne Wirtschaft ist, u. es wurde eine sehr lange Freundschaft. Monty Jacobs war ein jüdischer Redakteur in Berlin, u. er druckte sehr oft Kurzgeschichten ab, u. war immer sehr reizend, auch in Schweden. Leider musste er auswandern nach London. Im ersten Weltkrieg eisernes Kreuz. Er dachte sehr deutsch u. es war furchtbar für ihn, plötzlich so behandelt zu werden. Könntest Du Dir das vorstellen, wenn man Dich aus Regen rausschmeißen würde, als unerwünschte Persönlichkeit, wo Du all Deine Kraft hineingepumpt hast?

Wenn Papa an einem Buch schrieb, so sagte er immer „er brütet". Daher das brütende Ei. Paula Ludwig war eine Schriftstellerin, die sehr jung war u. irgendjemand über die Grenze gebracht hat. Ich glaube Frau Wintersteiner weiß mehr über sie, da sie am selben Verlag ihre Bücher raus geben. Aber Frau Ludwig ist schon lange tot. Willy u. Ina Seidel wissen Sie ja, wer sie sind. 1922 war Adda auch da. Ich glaube, sie war 14 Jahre alt, u. sprach nicht, nur mit Mama. Als mal der kathol. Pfarrer rauf kam, sagte sie aber doch einiges: „Sobald das Geld im Kasten klingt, die Seele in den Himmel schwingt." Der Herr Pfarrer war hingerissen, u. kam dauernd wieder zu Adda mit Büchern unterm Arm. (Adda will aber davon gar nichts mehr wissen.) …

Ich komme sehr gerne im Mai. Dann habe ich meine Bienen erstmals versorgt. Ich wohne aber bei Isabella Oswald in Weissenstein. Sie ist so ne Art Patenkind von mir u. schreibt mir ab und zu, was so passiert. Sie schickte mir auch die Festschrift vom Schnupferverein, wo Du ja einige weise Worte von Dir gegeben hast. Ich mag Regen sehr gern, aber Weissenstein ist Weissenstein, u. da bin i dahoam. O mai, des is ebbs! …

Herzliche Grüße

Isabel

Anhang II: Lebensdaten von Clara Nordström

1886	Geburt am 18. Januar 1886 in Karlskrona / Südschweden als jüngstes Kind des Arztes Ludvig Nordström und seiner Frau Bengta. Sie hat zwei Brüder, den sechs Jahre älteren Ludvig und Carl, der an Diphterie stirbt.
1897	Erste Einschulung mit 11 Jahren wegen ihrer diversen Krankheiten; Besuch zweier Schulen in Växjö, dann Privatunterricht; anschließend Besuch einer Haushaltungsschule in Stockholm.
1903	Kurzer Aufenthalt in Växjö; dann Sprachaufenthalt in Deutschland, zuerst Hildesheim, dann Braunschweig. Lernt dort im Haus des Ehepaars Reiche ihren ersten Mann kennen.
1905	Verlobung mit dem 15 Jahre älteren Armin Reiche am 18. Januar, Claras 19. Geburtstag. Hochzeit in Schweden am 17. April.
1906	Geburt des Sohnes Gustav Adolf.
1909	Scheidung von Armin Reiche; Rückkehr nach Växjö.
1909/12	Aufenthalt in Berlin; zweijährige fotografische Lehre, anschließend Praktikum bei einem Berliner Fotografen. Clara lernt hier das kulturelle Leben kennen und hat einen netten Freundeskreis gefunden.
1912	Aus gesundheitlichen Gründen Aufgabe ihrer fotografischen Tätigkeit, dann Übersiedlung nach München.
1913	Aufenthalt in München-Schwabing, Pension „Gisela“; Clara lernt Siegfried von Vegesack kennen, sie

	lebt von dem Geld, das ihre Mutter aus Schweden schickt.
1914	Verlobung mit Siegfried, persönlich Ende Dezember 1913 / offiziell an ihrem 28. Geburtstag am 18. Januar 1914.
1915	Trauung in Stockholm am 16. Februar.
1915/16	Aufenthalt in Stockholm bei Verwandten; beide Ehepartner arbeiten an Übersetzungen.
1916	Rückkehr nach Berlin. Vegesack hat die Stelle eines Lektors im Auswärtigen Amt in Berlin übernommen (bis 31.03.1917).
1917	Große wirtschaftliche Not; am 1. April wird Tochter Isabel, genannt Nudelchen, geboren; Erkrankung Vegesacks; Umzug von Berlin nach Bayern.
1917/18	Zwischenstationen auf einem Bauernhof bei Dingolfing und in Großwalding bei Deggendorf (01.10.1917–01.04.1918).
1918	Kauf des alten Getreidekastens der Burg, Haus Nr. 46 in Weißenstein bei Regen für 8000 Mark (mit einer Hypothekenbelastung von 4500 Mark).
1919	Am 4. Juni stellt Siegfried von Vegesack den Antrag auf Einbürgerung in den Bayerischen Staatsverband.
1920	Am 5. Mai erhält Siegfried von Vegesack gegen eine Gebühr von 30,50 Mark die Einbürgerungsurkunde für Bayern für sich, Clara und Isabel.
1920	Am 12. Juni Geburt der zweiten Tochter Karin, die am 18. Juni stirbt. Clara ist in Lebensgefahr und liegt einige Zeit in einer Münchner Klinik.
1923	Am 15. September Geburt des Sohnes Gotthard, genannt Buberl.
ca.1924–29	Vermietung des Turms an Feriengäste; Briefkopf: „Erholungsheim Burg Weissenstein, Clara von Vegesack-Nordström“. Siegfried fühlt sich immer

mehr gestört und „flieht“ oft nach Waldhäuser, um konzentriert arbeiten zu können.

1926 Gustav Adolf Reiche, Claras Sohn aus erster Ehe, zu Besuch.

1929 Verpachtung des Turms an die PORZA; Aufenthalt im Haus der PORZA in Cadempino bei Lugano in der Schweiz. Dort lernt Siegfried durch Claras Vermittlung Lea de Loeb, „Nena“, kennen, die er später nach ihrer Flucht vor den Nationalsozialisten auch in Südamerika besucht.

1929 Clara übersetzt zwei Bücher aus dem Schwedischen ins Deutsche; Arbeit an ,,Kajsa Lejondahl“.

1930 Im Frühjahr zieht Clara mit Gotthard nach Stuttgart. Buberl wird in die Waldorfschule eingeschult. Isabel wohnt schon länger bei der Familie Ruthenberg; Wilhelm Ruthenberg ist Mitbegründer der Christengemeinschaft.

1930/31 Die Familie trifft sich an Weihnachten und an Ostern in Weißenstein.

1931–33 Große wirtschaftliche Not.

1933 Claras Manuskripte werden in der Deutschen Verlagsanstalt gedruckt; die größte Not ist gebannt.

ca. 1933/34 Unterbringung von Gotthard in der evang. Internatsschule in Korntal, einem Vorort von Stuttgart; Clara bewohnt einige Hauser weiter ein Giebelzimmer; muss für den Unterhalt selbst aufkommen, da Siegfried nichts zahlen kann. Clara zieht sich bei einer Schwedenreise eine Schienbeinverletzung zu, die sie bald ans Bett fesselt – der Roman „Lillemor“ entsteht. Bronchialasthma. Gotthard bekommt ein Stipendium für die reformpädagogische Urspringschule bei Blaubeuren.

1935 Scheidung von Siegfried und Clara.

1936 Rückkehr nach Weißenstein; Turm ist verpachtet

	– Clara bezieht ein Gartenhaus beim Nachbarn Obermeier. Dort endlich Gesundung des Beines.
1937/39	Lesungen im Auftrag der „Norddeutschen Gesellschaft“ in verschiedenen großen Städten Deutschlands.
1938/39	Bau eines Häuschens in Baiersbronn, Panoramaweg 121, im Schwarzwald; Arbeit an den Romanen „Bengta“ und „Engelbrecht Engelbrechtsson“.
1940	Gotthard meldet sich als Siebzehnjähriger freiwillig zu den Fallschirmspringern, wird aber nicht gleich eingezogen.
Bis 1944	Schwere Kriegsjahre, Hunger und Elend – Lesungen kreuz und quer durch ganz Deutschland.
1944	Berufung an den Reichssender in Königsberg. Vermietung des Häuschens in Baiersbronn.
1944	Am 30. März wird Gotthard bei Ananjew in der Ukraine (10 km südlich von Petrowka, ca. 160 km nördlich von Odessa) schwer verwundet und stirbt wenige Stunden später. Die Nachricht an Clara ist datiert vom 3. Mai 1944.
1945	Clara flieht vor den Russen von Königsberg über Danzig nach Hamburg in einem überfüllten Schülerzug.
1945/48	Clara wohnt in einer Dachkammer in Hamburg–Blankenese, Strandweg 48, in der Nähe der Familie von Isabel, wo sie weiter Romane schreibt und vor allem den Katechismus studiert. Intensive Auseinandersetzung mit dem Glauben; schwere Erkrankungen: Hungerödem, Asthma.
1948	Übertritt von der evang. zur katholischen Kirche.
1949	Einjähriger Krankenhausaufenthalt in Hamburg.
1950	Ein Jahr Aufenthalt in Stuttgart, dort weiter Lesungen und Arbeit an ihren Büchern – Roman „Kristof“ entsteht.

1952	Clara wird Laienschwester/Oblatin des Heiligen Benedikt in der Abtei Neresheim.
1952	Reisen durch ganz Bayern; Lesungen im Auftrag des Sankt-Michaelsbundes; Clara wird in Dießen am Ammersee sesshaft, schreibt dort „Mein Leben".
1962	Der letzte Brief an Siegfried ist datiert vom 20. Januar 1962. Sie dankt ihm für den wunderschönen Blumenstrauß zu ihrem Geburtstag; Der Originalbrief wurde dem Verein von Isabel geschenkt.
1962	Am 7. Februar stirbt Clara Nordström im Altenpflegeheim in Mindelheim. Sie wird in Mindelheim begraben. Das Grab liegt in Abteilung VIII, Grabreihe K, Grabnummer 52.

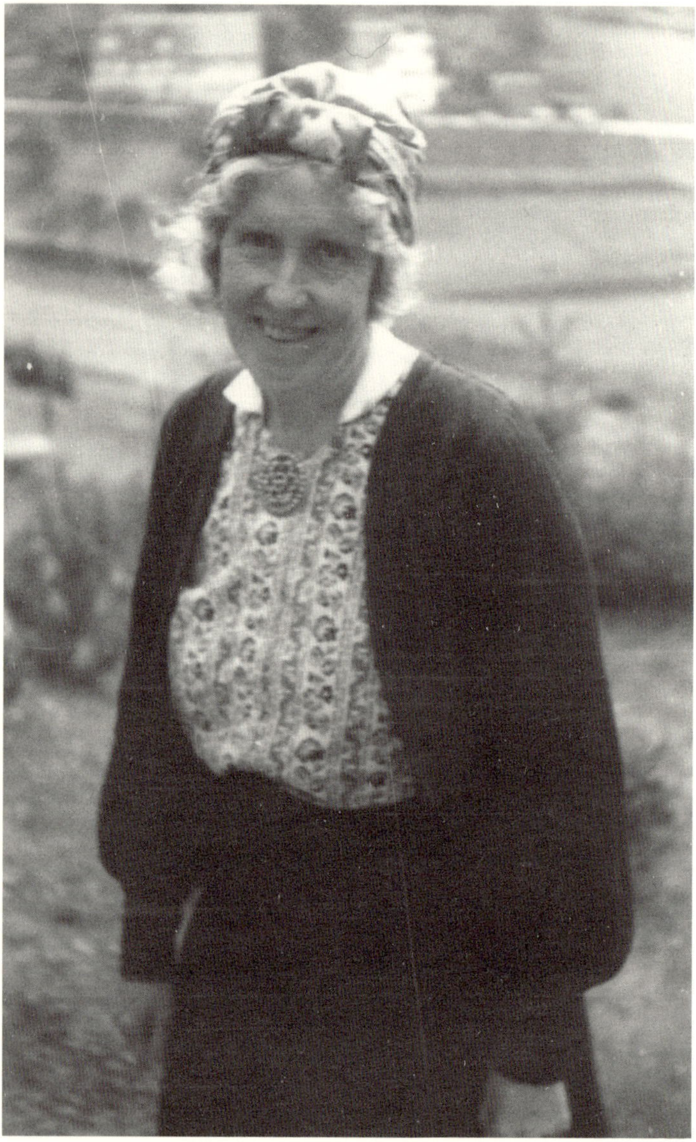

Clara Nordström

Anhang III: Nachkommen von Clara Nordström

Kinder- und Enkelgeneration

Die folgenden Personen sind im Einheitswertbescheid vom 23.02.1965 zum Verkauf des Hauses nach Claras Tod an Frau Hildegard Gaisser, geb. Brandes, als Erben genannt.

Aus der Ehe mit Armin Reiche
Sohn Gustav Adolf Reiche,
verheiratet mit Brigitte Reiche, geb. Weichelt.
Deren Söhne:
Axel Reiche
Lutz Reiche
Jost Reiche

Aus der Ehe mit Siegfried von Vegesack
Tochter Isabel Häussler, geb. von Vegesack, Hamburg, Haynstraße 9, verheiratet mit Prof. Dr. Georg Häussler.
Deren Kinder:
Christine Häussler
Friedrich Häussler
Dore Ozdy, verheiratet mit Andrew Ozdy
Hella Häussler

Anhang IV: Clara Nordströms Werke

Bibliografie

Clara Nordström, Tomtelilla, Roman, F. H. Kerle-Verlag, Heidelberg 1923, überarbeitete Fassung 1953.

Clara Nordström, Kajsa Lejondahl, Roman, Deutsche Verlags-Anstalt, Stuttgart 1933.

Clara Nordström, Frau Kajsa, Roman, Deutsche Verlags-Anstalt, Stuttgart 1934; F. H. Kerle-Verlag, Heidelberg 1962.

Clara Nordström, Roger Björn, Roman, Deutsche Verlags-Anstalt, Stuttgart 1935, Stuttgart 1936; F. H. Kerle-Verlag, Heidelberg 1952.

Clara Nordström, Lillemor, Roman, Deutsche Verlags-Anstalt, Berlin 1936.

Clara Nordström, Der Ruf der Heimat, Roman, Deutsche Verlags-Anstalt, Berlin 1938.

Clara Nordström, Bengta, die Bäuerin aus Skåne, Deutsche Verlags-Anstalt, Stuttgart 1941; Deutscher Jugendbuch-Vertrieb, Frankfurt am Main 1949, F. H. Kerle Verlag, Heidelberg 1961.

Clara Nordström, Sternenreiter – Historische Erzählung aus Schweden. Wihag Buchdruckerei GmbH, Hamburg 1946.

Clara Nordström, Engelbrecht Engelbrechtsson, F. H. Kerle Verlag, Heidelberg 1951, Neufassung mit neuem Titel von „Sternenreiter“.

Clara Nordström, Die Letzte der Svenske, Erzählung, F. H. Kerle Verlag, Heidelberg 1952.

Clara Nordström, Licht zwischen den Wolken, Roman, F. H. Kerle-Verlag, Heidelberg 1952.

Clara Nordström, Kristof, Roman, F. H. Kerle-Verlag, Heidelberg 1955.

Clara Nordström, Der Weg in das große Leuchten, Gebete, F. H. Kerle-Verlag, Heidelberg 1955.

Clara Nordström, Mein Leben, F. H. Kerle-Verlag, Heidelberg 1957.

Clara Nordström, Der Findling vom Sankt Erikshof, Roman, F. H. Kerle-Verlag, Heidelberg 1961.

Clara Nordström, Die Flucht nach Schweden, F. H. Kerle Verlag, Heidelberg 1960.

Clara Nordström, Die höhere Liebe, F. H. Kerle-Verlag, Heidelberg 1963, postum erschienen.

Literatur von und über Clara Nordström im Katalog der Deutschen Nationalbibliothek: Normdaten (Person): GND: 117056650 | VIAF: 76303988

Quellen

Clara Nordström, Mein Leben, Autobiografie, F. H. Kerle-Verlag, Heidelberg 1957.

Siegfried von Vegesack, Das fressende Haus, Morsak Verlag, Grafenau 1978.

Franz Baumer, Siegfried von Vegesack, Heimat im Grenzenlosen – Eine Lebensbeschreibung, Salzer Verlag, Heilbronn 1974.

Marianne Hagengruber (Hrsg.), Siegfried von Vegesack, Briefe 1914–1971, Morsak-Verlag, Grafenau 1988.

Marianne Wintersteiner: Das Glanzlicht. Clara Nordströms Lebensroman, Eugen Salzer Verlag, Heilbronn 1988.

Weißensteiner Miniaturen, lichtung verlag, Viechtach:

Barbara von Schnurbein, Band 2, Mein Junge, 2018.

Barbara von Schnurbein, Band 4, Tante Bella und der Luftschiff-onkel, 2019.

Barbara von Schnurbein, Band 10, Der Turm und die Türmer, 2023.

Bildnachweis

Bengta Nordström, Regensburg:
S. 14, 16, 19, 62.
Wir danken Bengta Nordström für die Abdruckgenehmigung!

Vegesack Archiv Regen:
S. 8, 13, 21, 31, 35, 40, 42, 43, 45, 47, 53, 55, 56, 59, 67, 70, 89, 90, 106.